AF403800

FRAGMENTS

HISTORIQUES ET POLITIQUES

PAR

Félix SORDET,

Rédacteur en chef du Courrier de Saône-et-Loire.

Sedan. — Le 4 Septembre : Son gouvernement et ses conséquences. — L'Empire et la Commune. — Les invasions étrangères. — L'Empire et la Religion. — La Corruption. — Les Candidatures officielles. — L'Empire : actes et principes.

CHALON SUR SAÔNE

Imprimerie SORDET-MONTALAN.

—

15 Novembre 1875.

FRAGMENTS

HISTORIQUES ET POLITIQUES

PAR

Félix SORDET,

Rédacteur en chef du *Courrier de Saône-et-Loire.*

CHALON-SUR-SAÔNE

Imprimerie SORDET-MONTALAN.

15 Novembre 1875.

PRÉFACE

Nous dédions cette brochure aux hommes de bonne foi.

Qu'ils la lisent sans opinion préconçue.

Qu'ils méditent les faits et pèsent les arguments.

Et, — nous en avons l'espoir, — ceux qu'auraient induits en erreur les mensonges et les calomnies, inventés et propagés, par calcul ou par haine, au sujet de nos derniers événements, reviendront à une appréciation tout autre.

Cette appréciation sera celle de la vérité et de la justice.

Félix SORDET.

Chalon-sur-Saône, 15 novembre 1875.

TABLE DES MATIÈRES

SEDAN.

Sedan ! Que de mensonges et de calomnies entassés autour de ce nom !

Des hommes, obéissant aux suggestions haineuses de l'esprit de parti, ont poussé la déloyauté jusqu'à donner à la capitulation de Sedan cette qualification odieuse : *Hontes de Sedan !*

La justice et le bon sens leur répondent : Non, la capitulation ne fut pas une *honte*, mais un *acte d'humanité*, ou mieux, suivant l'expression d'un président de cour d'assises, [1] elle fut une *œuvre de charité*, c'est-à-dire le dévouement poussé jusqu'à l'*immolation*.

Capituler !! Est-il possible d'imaginer pour un Napoléon supplice plus grand ? Ajoutez à cela que l'Empereur dut pressentir que son action

[1] M. Douet d'Arcq, présidant la cour d'assises de la Seine dans le procès intenté par le général de Wimpfen à M. Paul de Cassagnac (audience du 15 février 1875), termina ainsi son résumé :

« .. Il est certain, en droit, que l'Empereur n'avait pas le droit
« d'arborer le drapeau blanc ; en fait, il n'est pas moins certain,
« et ce sont d'illustres généraux qui nous l'ont dit : Ce drapeau
« n'a eu aucune espèce de conséquence sur les opérations
« militaires. Alors que reste-il ? Il reste une question d'humanité.
« Je ne dis peut-être pas assez : il reste une œuvre de charité.
« C'est, peut-être le vrai mot, et, devant ce sentiment-là, à
« quelque parti que nous appartenions, nous devons tous nous
« incliner ! »

serait odieusement commentée, et que même on essaierait de ternir sa mémoire. Comprend-on à quelles tortures fut livrée son âme? Mais, fallait-il vouer à un massacre inévitable, sans profit pour la France, sans nécessité pour l'honneur, 60,000 soldats, et, avec eux, une population tout entière : hommes, femmes et enfants ?... Le Devoir disait : Non. Et, pour obéir au Devoir, l'Empereur n'hésita pas à faire un héroïque sacrifice.

Quelle était donc, à ce moment, la situation de l'armée ?

Après avoir lutté pendant huit heures dans la proportion d'un contre trois, et laissé quinze mille des siens sur le champ de bataille, elle avait été refoulée dans Sedan, où, cernée par 250,000 hommes et foudroyée par 500 bouches à feu, il ne lui restait plus qu'à se rendre ou à mourir.

« Au moment où le feu a cessé, — a déclaré le maréchal de Mac-Mahon devant la commission d'enquête, — il était impossible de continuer le combat. Les troupes étaient entassées pêle-mêle, dans la ville et dans les fossés, dans des ouvrages dominés de toutes parts.... La continuation de la lutte ne pouvait donner aucune chance de succès. »

Mais, dira-t-on, il fallait faire une trouée.

Cette trouée, le général de Wimpfen l'a tentée! Il s'est mis à la tête de 3,000 hommes, mais à peine avait-il fait quelques centaines de pas que sa petite troupe n'existait plus.

Tout était perdu sans retour. Il n'y avait

plus qu'à livrer 60,000 prisonniers ou 60,000 cadavres.

Le correspondant du *Times*, témoin de ce spectacle, écrivait que si le feu des batteries allemandes avait continué, nos troupes « eus- « sent été réduites en une marmelade de chair « humaine, dont l'horreur eût été sans exemple « dans l'histoire. »

L'Empereur ne voulut pas que cette horreur s'accomplît, et, pour arrêter un massacre inutile, il fit hisser le drapeau blanc. Le feu cessa, et les négociations commencèrent. Une note rédigée par un officier [1] qui assistait à l'entrevue, nous apprend comment les choses se passèrent. On y lit :

Le général de WIMPFEN. — Je désirerais connaître les conditions de capitulation que S. M. le roi de Prusse est dans l'intention de nous accorder.

Le général de MOLTKE. — Elles sont bien simples : l'armée tout entière est prisonnière, avec armes et bagages ; on laissera aux officiers leurs armes comme un témoignage d'estime pour leur courage, mais ils seront prisonniers de guerre comme la troupe.

Le général de WIMPFEN. — ... Si vous ne pouvez m'accorder de meilleures conditions, je ne puis accepter celles que vous voulez m'imposer. *Je ferai appel à mon armée*, à son honneur, et je parviendrai à *faire une trouée, ou je me défendrai dans Sedan.*

Le général de MOLTKE. — Quant à tenter une sortie, cela vous est aussi impossible que de vous défendre dans Sedan... Il ne vous reste actuellement pas plus de 80,000 hommes. Ce n'est pas dans de pareilles conditions que vous pourrez percer nos lignes, car

______

[1] M. d'Orcet, capitaine au 4e cuirassiers.

sachez que j'ai autour de vous actuellement encore 240,000 hommes et 500 bouches à feu dont 300 sont déjà en position pour tirer sur Sedan. Les 200 autres y seront demain au point du jour. Si vous voulez vous en assurer, je puis faire conduire un de vos officiers dans les différentes positions qu'occupent mes troupes, et il pourra témoigner de l'exactitude de ce que je dis. Quant à vous défendre dans Sedan, cela vous est tout aussi impossible : vous n'avez pas pour quatre heures de vivres et vous n'avez plus de munitions....

Le général de WIMPFEN. — Il m'est impossible à moi de signer une telle capitulation ; nous recommencerons demain.

Le général de MOLTKE. — La trêve expire demain à quatre heures du matin. A quatre heures précises, j'ouvrirai le feu...

Le général de WIMPFEN. — ... Pourtant vous devez bien comprendre que je ne puis prendre seul une telle décision ; il faut que je consulte mes collègues ; je ne sais où les trouver tous à cette heure dans Sedan. Il est donc indispensable que vous m'accordiez une prolongation de trêve.

M. de Bismark s'étant penché vers M. de Moltke et lui ayant murmuré quelques mots à l'oreille, celui-ci dit au général de Wimpfen qu'il consentait à lui accorder jusqu'à neuf heures mais que ce serait la dernière limite.

Dans l'espoir que le vainqueur serait moins exigeant, l'Empereur n'avait pas hésité à se déclarer prisonnier et à faire remettre son épée au roi de Prusse. Aussi, prenant la parole, dans le cours des négociations, le général Castelneau s'exprima en ces termes :

« L'Empereur m'a chargé de faire remarquer à S. M. « le roi de Prusse, qu'il lui avait envoyé son épée sans « condition et s'était *personnellement* rendu absolu-

« ment à sa merci, mais qu'il n'avait agi ainsi que dans
« l'espérance que le roi serait touché d'un si complet
« abandon, qu'il saurait l'apprécier, et qu'en cette
« considération il voudra bien accorder à l'armée
« française une capitulation plus honorable et telle
« qu'elle y a droit par son courage. »

Au retour de son entrevue avec MM. de Moltke
et de Bismark, le général de Wimpfen réunit,
sous sa présidence, un conseil de guerre composé
de trente officiers généraux. A L'UNANIMITÉ MOINS
DEUX VOIX, ce conseil reconnut que la capitulation était inévitable. Celle-ci fut signée le lendemain !

Dans sa proclamation, le général de Wimpfen
s'exprimait ainsi :

« Reprendre les armes, c'eût été sacrifier en pure
perte, de braves soldats susceptibles de rendre encore
dans l'avenir de bons et brillants services. »

Ce sont eux, en effet, qui, quelques mois plus
tard, sauvaient Paris et la France des horreurs
de la Commune.

II

Dans sa déposition devant le jury de la Seine,
à l'occasion du procès de Wimpfen, M. le
général Douay a déclaré qu'étant allé voir

l'Empereur vers trois heures et demie, et lui ayant fait part de la triste situation de la place et de l'armée, S. M. lui répondit :

« Je sais le désastre ; je rends justice à l'armée ; elle s'est assez sacrifiée et *c'est à mon tour de m'immoler*, je suis résolu à demander un armistice. »

L'Empereur, en effet, s'est immolé ; son sacrifice a été complet ; il a bu le calice jusqu'à la lie.

« L'Empereur n'était pour rien dans ce dénouement sinistre de la campagne. Ce n'est pas lui qui avait conduit l'armée là ; il n'avait fait que l'y suivre. C'est sans lui que la bataille avait été engagée, sans lui qu'elle avait été perdue. De Châlons à Sedan, il n'avait donné ni un ordre, ni un conseil, ni un avis; son rôle avait été celui du plus obscur de ses soldats (1). Souffrant cruellement déjà du mal dont il devait mourir, il s'était tenu pendant six heures à cheval, sous le feu de l'ennemi, pour enseigner le devoir, et sans doute aussi pour mourir. Rentré dans Sedan, il ne tenait qu'à lui de laisser se consommer le massacre... Qu'avait il à craindre ? La mort ? Il l'avait cherchée, quand elle était encore un honneur, au milieu de la

(1) *Je dois dire, car il faut rendre justice à tous, que dans tout le cours des opérations, jamais l'Empereur ne s'est opposé aux mouvements par moi ordonnés, et que ces opérations ont toujours été commandées par moi et non par lui. A Reims et au Chêne-Populeux,* l'Empereur était d'avis de reporter l'armée sur Paris. c'est moi qui ai prescrit le mouvement. Maréchal de MAC-MAHON. — (*Déposition devant la Commission d'enquête*. Séance du 9 septembre 1871).

bataille (1) ; après la défaite, il l'eût accueillie comme une délivrance. Il savait qu'en hissant le drapeau blanc, il assumerait, lui, spectateur et martyr passif jusque-là, toutes les responsabilités ; qu'il serait la victime expiatoire de cet immense désastre, suivi de cette immense humiliation ; que de la faute ou du malheur des autres on lui ferait une couronne d'infamie... Mais il savait aussi que plusieurs milliers d'hommes allaient mourir, s'il ne les sauvait pas. Il préféra leur salut à son intérêt égoïste... La politique des partis insulte à cette action : c'est son métier. Mais la justice, qui n'est d'aucun parti, s'incline respectueusement devant elle, comme devant l'un des plus rares sacrifices que l'homme ait pu faire à l'humanité ! » (2)

Ces considérations sont fort justes ; elles ne pouvaient être plus éloquemment exprimées.

On vient de voir ce que fit l'Empereur. Voilà le souverain que l'on cherche à rendre odieux et pusillanime !

S'il est un fait incontestable, c'est assurément

(1) Le correspondant du *Temps* écrivait :

L'Empereur a voulu mourir, le fait est maintenant avéré ; la mort a passé près de lui comme près de Ney, aux Quatre-Bras.

Le correspondant du *Times* :

L'Empereur a fait preuve du plus grand courage ; il a en vain cherché la mort. Un obus est venu tomber sous les pieds de son cheval.

Le *Standard* :

Quand l'Empereur a dit : *Je n'ai pu me faire tuer à la tête de mes soldats*, il a dit simplement une chose vraie.

Le *Steatzanzeiger*, journal officiel de Berlin :

L'Empereur Napoléon s'est exposé à un tel point que son intention de se faire tuer était évidente.

(2) J. Delafosse. — *Procès du 4 septembre.*

la bravoure et le courage de Napoléon III, c'est son mépris pour le danger personnel.

« N'est il pas inoui, » — dit un témoin oculaire, M. Paul de Cassagnac, — « n'est il pas inouï d'en être réduit à défendre le courage de l'Empereur?

« Moi, je l'ai suivi pendant deux heures, le fusil au dos ; il cherchait la mort et ne la trouvait pas.

« Epuisé, malade, l'Empereur, je l'ai vu, a été obligé, à plusieurs reprises, de descendre de cheval, et embrassait les arbres pour résister au mal qui le minait.

« J'ai une lettre du colonel d'artillerie de St Aulaire : il raconte comment il vit l'Empereur s'avancer calme et impassible, avec sa bravoure froide, au milieu des projectiles qui éclataient, et venir se placer au milieu de ses batteries. Soudain, un obus éclate à trois pas de l'Empereur, et les canonniers, électrisés par son intrépidité, poussèrent alors, et ce fut la dernière fois que ce cri fut poussé, le cri : Vive l'Empereur !

« D'ailleurs, Napoléon III n'est pas le seul, dans l'histoire, qui n'ait pas pu mourir quand il le voulut...

« Quelques mois après, il s'éteignait en exil, au milieu d'une atroce agonie et mourant de la bataille de Sedan...

« Dans un dessin qu'on a répandu à profusion, on a montré l'Empereur partant en voiture découverte, traîné à quatre chevaux, fumant insoucieusement une cigarette, et foulant sur son passage les soldats blessés qui se redressaient pour le maudire et pour lui montrer le poing.

« Eh bien ! j'y étais, moi ; j'ai vu ce qui s'est passé.

« Quand l'Empereur, triste et éclatant en sanglots, a traversé la ville, les soldats qui le voyaient passer se découvraient, loin d'avoir un sentiment de haine ou de colère ! » (1)

(1) Paul de Cassagnac. — (Sa plaidoirie devant le jury de la Seine. Procès de Wimpfen. Audience du 13 février 1875).

Au lieu de fuir le danger, l'Empereur l'affrontait avec calme. Ce fait est attesté par les étrangers et même par ceux de ses ennemis qui ont assisté à la bataille. Nous pourrions multiplier les témoignages. Qu'il nous suffise de reproduire ceux qui suivent.

Un officier supérieur, blessé à Sedan, dont la lettre a été publiée par le *Journal de Genève* peu de jours après le désastre, écrivait à un de ses amis :

« Je n'aime pas l'Empereur, mais j'aime encore moins la calomnie. Il s'est *bien montré*, et s'il n'a pas *été tué, ce n'est pas l'envie qui lui en a manqué.*

« Nos chefs ont été des maladroits, nos soldats des fous et des indisciplinés ; mais *personne n'a été lâche.* Je le dis très haut pour l'honneur de la France. On ne sert pas une bonne cause en *mentant.* Sedan est une faute, un grand malheur ; mais une *honte* ! jamais ! Dites-le partout et à tous. »

Le *Times* s'exprimait ainsi :

« Le sang-froid et l'impassibilité, dont l'Empereur a toujours fait preuve, ne l'ont pas abandonné une seconde. »

Le même journal dit encore :

« Analysez froidement, sans passion, sans parti pris, le désastre de Sedan, et vous aboutirez à cette évidence mathématique, c'est que, à partir du moment où le le général Wimpfen prit le commandement de l'armée française, tout ce qui est arrivé était fatal. »

Aussi, l'Empereur, dans sa lettre aux généraux

commandant les corps d'armée, a-t-il pu tenir ce langage :

« Nous avons obéi à une cruelle mais inexo-
« rable nécessité ; elle a brisé mon cœur, mais
« laissé ma conscience tranquille. »

LE 4 SEPTEMBRE.

La France était vaincue à Sedan ; l'aigle de Crimée et d'Italie était tombée sur le champ de bataille. Tandis que tous les regards et toutes les baïonnettes étaient tournés vers le Rhin, des hommes, — que l'impartiale histoire jugera sévèrement, — aidés par une poignée d'émeutiers, secondés par un parjure, se ruèrent sur l'Empire, le renversèrent, et, violant la représentation nationale, se proclamèrent Gouvernement.

On se demandera peut-être ce qu'étaient devenus, en ce moment, les témoignages d'attachement, que sept millions de citoyens avaient donnés à l'Empire dans le vote plébiscitaire du 8 mai…. Fallait-il donc ajouter la guerre civile à l'invasion étrangère ? Devant le péril suprême de la Nation, il n'y avait pas lieu de discuter ; le patriotisme commandait l'union et la résignation ; les hommes d'ordre se résignèrent.

Sedan avait capitulé le 2 septembre. La nouvelle en parvint à Paris dans la soirée du 3. La Chambre fut convoquée pour minuit, et, de son côté, le Conseil des ministres s'assembla chez l'Impératrice-Régente. Vers 11 heures du soir, les députés se rendirent au Palais-Bourbon. La séance s'ouvrit à une heure du matin. Après avoir confirmé la triste nouvelle, que chacun savait, M. le général de Palikao, ministre de la guerre, demanda la remise au lendemain de la discussion touchant les conséquences que pouvait avoir un événement si grave. Sur ces entrefaites, M. Jules Favre proposa la *déchéance* de l'Empereur et de sa dynastie. M. Pinard, ancien ministre, se leva et protesta contre cette motion, laquelle, du reste, fut mal accueillie par l'Assemblée. Celle-ci décida qu'on se réunirait à midi, et la séance fut levée.

A leur sortie du Palais, quelques députés furent accueillis par le cri : *La déchéance ! La déchéance !* auquel se mêlaient parfois ceux de : *A bas la droite ! Vive la République* ! Belleville et La Villette avaient envoyé leurs émissaires. Les soldats de l'émeute manifestaient leur présence.

Le 4 septembre, dès le matin, une certaine agitation régnait dans Paris, notamment à Belleville, à Montmartre et aux Batignolles, où les mots : *Déchéance, République,* circulaient de bouche en bouche. Ces symptômes étaient le présage d'un soulèvement populaire qui, de l'aveu de M. de Kératry et de quelques-uns de ses amis, avait été préparé dans la nuit.

Vers 11 heures, des rassemblements se formèrent sur la place de la Concorde.

La séance s'ouvrit à une heure un quart.

M. le ministre de la guerre présenta le projet de loi suivant :

ART. 1er. — Un Conseil du gouvernement et de Défense nationale est institué. Ce Conseil est composé de cinq membres ; chaque membre de ce Conseil est nommé à la majorité absolue par le Corps législatif.

ART. 2. — Les ministres sont nommés sous le contre-seing des membres de ce Conseil.

ART. 3. — Le général comte de Palikao est nommé lieutenant-général du gouvernement.

De son côté, M. Thiers soumit à la Chambre une proposition ainsi conçue :

Vu les circonstances, la Chambre nomme une Commission de Gouvernement de la Défense nationale.

Une Constituante sera convoquée dès que les circonstances le permettront.

M. le ministre de la guerre, prenant de nouveau la parole, s'exprima en ces termes :

« Je n'ai qu'un mot à dire, c'est que LE GOUVERNEMENT ADMET PARFAITEMENT QUE LE PAYS SERA CONSULTÉ LORSQUE NOUS SERONS SORTIS DES EMBARRAS POUR LESQUELS NOUS DEVONS RÉUNIR TOUS NOS EFFORTS. »

Ainsi, la guerre terminée, le pays devait être appelé à statuer sur les responsabilités encourues.

Cette déclaration répondait à toutes les exigences.

Mais, il y avait des haines à assouvir et des

convoitises à satisfaire. haines et convoitises auxquelles il fallait immoler la loi et sacrifier l'intérêt du pays.

L'Assemblée allait se retirer dans ses bureaux pour examiner l'une et l'autre proposition.

Il était deux heures moins un quart.

En ce moment, la Chambre fut envahie ; son président, frappé et obligé de se retirer. M. Gambetta et M. Jules Favre montèrent à la tribune, renouvelèrent la proposition de déchéance et quittèrent la salle en répétant : A l'Hôtel-de-Ville ! A l'Hôtel-de-Ville ! Un certain nombre de personnes les suivirent.

Sur la proposition de quelques-uns de leurs collègues, des députés, au nombre de 220, se réunirent dans une des salles de la Présidence, pour y reprendre leurs délibérations. Dès le début de la séance, M. Garnier-Pagès proposa, en ces termes, de reconnaître les faits accomplis :

M. Garnier-Pagès.— ... J'apprends que plusieurs de mes collègues de la gauche se sont dévoués et se sont rendus à l'Hôtel-de Ville; ils y sont à l'heure qu'il est; ils s'efforcent, au milieu des acclamations de la foule, de rétablir l'ordre. *Je ne crois pas qu'ils veuillent s'emparer du pouvoir* ; ils ont été là uniquement pour exercer leur influence en faveur de l'ordre public, pour éviter des rixes et des conflits. La population les accueille, mais *ils n'exercent sur eux qu'un pouvoir passager*; ils rendront possibles nos délibérations prochaines. Ce soir, sans doute, nous pourrons délibérer avec eux. Mais, croyez-moi, secondez leurs efforts ; ne résistez pas ! N'ajoutez pas aux fautes du passé de nouvelles fautes; reconnaissez les événements et les nécessités qu'ils imposent.

Ces paroles soulevèrent de vives protestations. Le silence rétabli, M. Buffet fit entendre ce noble et patriotique langage :

M. BUFFET. — ... Je me sens atteint dans tout ce que j'ai de plus cher au monde, mon droit de citoyen, ma liberté, mes franchises comme député, et quelle que soit la valeur des considérations développées par l'orateur que vous venez d'entendre, je m'inscris hautement, avec fierté, contre les événements accomplis et contre les prétendues nécessités qu'ils imposent. (*Applaudissements prolongés*). Je sais les devoirs que nous commandent, dans les circonstances actuelles, l'amour de notre pays et le soin de sa défense ; dans quelques jours, l'ennemi sera aux portes de Paris ; mais vous me permettrez en présence des paroles de M. Garnier-Pagès de prendre souci de ma dignité, de mon honneur, et de vous dire que je n'accepte aucune proposition pouvant renfermer une adhésion même indirecte aux événements dont nous venons d'être témoins. (*Approbation*). Non, Messieurs, je n'accepte pas ces violences exercées sur les représentants du pays ! Je ne subis pas cette honteuse pression d'une foule armée faisant irruption dans la salle de nos séances. Je déclare qu'on a menti au peuple de Paris et qu'on mentira à la nation si on lui représente comme l'œuvre de l'Assemblée une résolution relative, soit au gouvernement, soit à la direction nouvelle des affaires. Comme homme d'honneur, comme citoyen dévoué à mon pays, chargé d'un mandat librement donné, je m'indigne contre les violences dont nous avons été victimes.... Je repousse donc la proposition de M. Garnier-Pagès ! (*Explosion de bravos*).

Les émeutiers avaient formé deux bandes ; l'une s'était rendue à l'Hôtel-de-Ville et l'autre aux Tuileries.

L'Impératrice-Régente, ne songeant qu'à la

Patrie, avait oublié toute pensée de conservation personnelle. Dans toute circonstance un peu grave, elle disait :

« NE VOUS OCCUPEZ PAS DE MOI, NE VOUS OCCUPEZ QUE DE LA FRANCE. »

Quand il s'était agi de renforcer l'armée du maréchal de Mac-Mahon, on lui fit remarquer que les 22,000 hommes commandés par le général Vinoy constituaient la garde de Paris ; que s'ils partaient, la capitale pouvait, d'un moment à l'autre, être à la merci d'un mouvement démagogique. Elle répondit :

« Ne pensez ni à moi ni à la dynastie, pensez à
« l'armée, pensez à la France ; je ne veux pas qu'on
« discute une pareille question : de quels remords ne
« nous chargerions-nous pas devant nos consciences
« et devant l'histoire, si nous disions un jour que la
« présence de ces 22,000 hommes aurait pu changer
« une défaite en victoire et que nous les avons immo-
« bilisés dans Paris pour notre défense personnelle ?
« Ne perdons pas une minute, que le général Vinoy
« parte aujourd'hui même. »

Quel patriotisme et quels nobles sentiments !

Sur la terre étrangère comme aux Tuileries, ce qui sera l'objet des préoccupations de l'auguste souveraine, ce ne sera ni elle ni la dynastie, ce sera le sort de la France.

A l'approche des émeutiers, l'Impératrice fit appeler le général Mellinet, qui commandait les troupes chargées de la défense du Palais, et lui dit :

— Général, pouvez-vous défendre le château sans faire usage des armes ?

— Madame, je ne crois pas.

— Dès lors, ajouta l'Impératrice, tout est fini. Il ne faut pas ajouter à nos désastres l'horreur de la guerre civile.

Il était trois heures moins cinq minutes. L'Impératrice quittait, non sans difficultés, le Palais des Tuileries, et prenait le chemin de l'exil.

Au Corps législatif, la commission chargée d'examiner la proposition du Gouvernement et celle de M. Thiers, venait de proposer l'adoption d'un projet ainsi conçu :

« Vu la vacance du pouvoir, la Chambre nomme une
« commission de gouvernement de défense nationale.
« Cette commission est composée de cinq membres
« choisis par le Corps législatif. Elle nommera les
« ministres.
« Dès que les circonstances le permettront, la nation
« sera appelée par une Assemblée constituante à se
« prononcer sur la forme de son gouvernement. »

Dès le début de la discussion, se produisit l'incident que voici :

Une voix. — La proposition de déchéance a donc été repoussée.

M. GAUDIN. — Oui.

La même voix. — Même par M. Jules Simon ?

Plusieurs membres. — Oui ! Oui !

LA DÉCHÉANCE AVAIT ÉTÉ REPOUSSÉE. C'est un fait qu'il importe de constater.

Le projet, mis aux voix, fut adopté à l'unanimité moins cinq ou six voix.

M. Ernest Dréolle fit ensuite une motion tendant à ce qu'une commission fût nommée pour aller conférer à l'Hôtel-de-Ville avec les députés qui s'y étaient rendus, « non pour « s'emparer du pouvoir, mais uniquement pour « exercer leur influence en faveur de l'ordre « public. » [1]

MM. Garnier-Pagès, Lefèvre-Pontalis, Martel, Grévy, de Guiraud, Johnston, Cochery et Barthélemy Saint-Hilaire furent désignés pour faire partie de cette Commission.

M. GRÉVY.— Je vous remercie, messieurs, de m'avoir désigné, mais je dois vous dire que votre proposition me gêne beaucoup. Je m'étais promis de ne pas paraître à l'Hôtel-de-Ville ; c'est une promesse que je voulais tenir. Je ne voulais pas qu'on me vît là !... J'hésite donc beaucoup. (*Non! non! acceptez! acceptez!*) J'accepte, puisque vous me pressez ainsi.... Je déplore autant que qui que ce soit ici, comme député et comme républicain, la violation de l'Assemblée nationale. C'est un acte de violence qui est un mauvais début pour une ère de liberté et d'union...

Ainsi, M. Grévy lui-même, M. Grévy, l'honnête républicain, déplorait ce qui venait de se passer et tenait à le déclarer publiquement.

La séance fut levée, mais avant, on décida qu'elle serait reprise le soir même pour entendre la commission à son retour.

La Commission se rendit à l'Hôtel-de-Ville.

---

[1] Paroles de M. Garnier-Pagès. Voir page 18.

Y trouva-t-elle des hommes qui avaient agi par pur dévouement à la chose publique, et qui « avaient toujours pensé qu'ils ne pourraient rien faire sans le concours de la Chambre ? »[1] Non. Elle y trouva des factieux qui, après s'être constitués en gouvernement, s'étaient distribué les emplois et les portefeuilles !...

A huit heures du soir, le Corps législatif se réunit de nouveau sous la présidence de M. Thiers. Le *Journal des Débats* a publié un compte-rendu de cette séance. On y lit :

MM. Jules FAVRE et Jules SIMON sont introduits.

M. Jules FAVRE. — Nous venons vous remercier de la démarche que vos délégués ont faite auprès de nous. Nous en avons été vivement touchés... En ce moment il y a des faits accomplis... Nous ne pouvons rien changer à ce qui vient d'être fait. Si vous voulez bien y donner votre ratification, nous vous en serons reconnaissants. Si, au contraire, vous la refusez, nous respecterons les décisions de votre conscience, mais nous garderons la liberté entière de la nôtre.

. . . .

. . . .

MM. Jules Favre et Simon se retirent.

M. THIERS déclare qu'il n'a pas adressé de question à MM. Jules Favre et Simon, parce que c'eût été reconnaître le gouvernement qui venait de naître. Puis il ajouta : « Combattre aujourd'hui ce gouvernement serait une œuvre anti-patriotique. Ces hommes doivent avoir le concours de tous les citoyens contre l'ennemi. »

M. GRÉVY. — Nous sommes arrivés trop tard à l'Hôtel-de-Ville. Il y avait déjà un gouvernement

(1) Déclaration de M. Grévy au Corps législatif (séance, du 4 septembre).

provisoire qui s'y était installé. Nous y avons lu l'épreuve d'une proclamation qui nous a convaincus que notre mission était devenue sans objet.

MM. Boquet, Pinard, de St Germain et quelques autres protestent contre les actes qui viennent de s'accomplir.

M. Thiers. — De grâce, ne rentrons pas dans la voie des récriminations.... Je réprouve l'acte qui s'est accompli aujourd'hui ; je ne peux approuver aucune violence... En présence de l'ennemi qui sera bientôt sous Paris, je vois que nous n'avons qu'une chose à faire : nous retirer avec dignité...

La séance est levée à dix heures.

Le Corps législatif avait repoussé la déchéance et, mandataire du pays, il entendait exercer ses droits et ses pouvoirs. Néanmoins, vers quatre heures du soir, sur les boulevards et dans les faubourgs, la proclamation de la République était attribuée au Corps législatif lui-même, où, disait-on, elle avait réuni 180 voix sur 213 votants. Bien plus, des industriels vendaient dans les rues de petits drapeaux en toile sur lesquels étaient peints les chiffres 180-213. A la province on expédia la dépêche suivante :

Paris, 4 septembre, 6 h. du soir

RÉPUBLIQUE FRANÇAISE.

Ministère de l'intérieur.

La *déchéance a été prononcée au Corps législatif.* La République a été proclamée à l'Hôtel-de-Ville. Un gouvernement de défense nationale, composé de 11 membres, tous députés de Paris, a été constitué et ratifié par l'acclamation populaire...

Le ministre de l'intérieur,

Léon GAMBETTA.

Associer le Corps législatif aux actes qui venaient de s'accomplir, c'était tromper le pays, et, comme l'a dit un député, M. Johnston, « le 4 Septembre n'a pas été une révolution, mais une *escroquerie*. »

Le Corps législatif était dissous, le Sénat aboli. En un mot, l'attentat était consommé, et la France, privée d'un gouvernement légal, livrée au gaspillage et à l'incapacité, allait courir de sanglantes et funestes aventures.

II

Les hommes du 4 septembre, qui ont tant abusé de la crédulité populaire, cherchent à se disculper en alléguant qu'ils n'ont fait que « ramasser le pouvoir abandonné. »

Quelle imposture !

Mais, lorsque le Corps législatif a été envahi et que MM. Jules Favre et Gambetta, haranguant les envahisseurs, les ont entraînés à l'Hôtel-de-Ville, pour y proclamer la République, l'Impératrice était aux Tuileries, les ministres à leur poste, et les députés dans les bureaux. Le gouvernement existait donc ; il existait et fonctionnait.

Ce gouvernement et ses représentants ont été menacés puis expulsés par une émeute.

Et cette émeute, il ne nous sera pas difficile d'établir qu'elle avait été préparée à l'avance.

Dans son *Histoire du second Empire*, tome VI, page 140, M. Taxile Delord nous apprend que quelques jours avant le 4 septembre, la formation du gouvernement provisoire avec les députés de Paris avait été adoptée en principe, sur le conseil de M. Ledru-Rollin, dans un déjeûner donné chez M. Montégut à M. Gambetta.

Le livre de M. Jules Favre nous révèle que ce dernier, accompagné de M. Tirard, s'était rendu au Louvre pour sonder M. Trochu.

Le matin du 4 septembre, un peu avant midi, les personnes qui formaient habituellement les comités électoraux de MM. Ferry, Picard, Pelletan, Jules Simon et les bureaux de leurs réunions, s'installaient sur la place de la Concorde et commençaient à crier : « la déchéance ! la déchéance ! »

Il a été dit, répété, — et personne n'a essayé de le nier, — que, dans la nuit du 3 au 4 septembre, M. Ranc avait rempli auprès de M. Trochu et de M. Thiers une mission importante qui lui avait été confiée pour eux par le futur gouvernement en permanence rue de la Sourdière. C'est même au secret de cette nuit que l'on attribue la protection dont M. Thiers couvrait M. Ranc. [1]

____

[1] J. Richard. — (*Ordre* du 7 septembre 1875.)

Enfin, peu de jours après la conclusion de la paix, en 1871, un des hommes du 4 septembre, M. de Kératry, faisait à Nantes, dans un grand meeting, l'aveu suivant :

« Trois semaines avant le 4 septembre, j'accourais à « Paris pour préparer la proclamation de la Répu- « blique... Dans la nuit du 3 au 4 septembre, je hâtai, « j'activai la déchéance impériale. Je poussai Gambetta « à la tribune, je m'emparai avec lui de l'Hôtel-de- « Ville, puis de la Préfecture de Police. Voilà ce que « j'ai fait. »

Est-ce clair ?

Le 4 septembre ne fut donc pas un fait accidentel, mais un acte prémédité. Disons le mot : il fut le résultat d'une conspiration.

Dans le procès par lui intenté au *Figaro* qui l'avait accusé de félonie, le général Trochu a dit : « L'Empire n'était plus possible. » Avec autant de raison que d'à-propos, Me Lachaud lui a répondu :

« L'Empire n'était plus possible, dites vous ; mais, si l'Empire meurt, la nation vit toujours. Où était la nation ? Est ce qu'elle était à l'Hôtel-de Ville dans le triomphe de la démagogie? Elle se trouvait là où étaient ses représentants, c'est à-dire là où était le Corps législatif tout entier ! Vous pouviez choisir entre l'insurrection et ce qui restait encore de légalité; vous êtes allé à l'émeute. »

On ne pouvait mieux préciser la situation, ni formuler plus nettement une grave et juste accusation.

Du reste, qu'on le sache bien, le peuple de

Paris ne s'associa point à cet acte, qui fut seulement l'œuvre d'une minorité factieuse appelant Belleville à son aide. C'est M. Caro, membre de l'Institut, qui l'atteste en ces termes :

« Nous avons entendu souvent, dans les mauvais jours qui suivirent de près, quand ils pliaient déjà sous le poids des plus terribles circonstances, les triomphateurs du 4 septembre se plaindre amèrement de leur fardeau ; mais qui donc, si ce n'est eux-mêmes, les en avait chargés ? Le peuple, disent-ils. Oui, le peuple spécial amené pour la circonstance, c'est-à-dire encore eux-mêmes et leurs amis... J'ai vu cette invasion de la Chambre et l'ovation à l'Hôtel-de-Ville, et la prise d'assaut des ministères sans combat ; c'était la *descente de Belleville sur Paris.* »

L'occasion, d'ailleurs, était favorable pour escalader le pouvoir ; les esprits étaient consternés et Paris ne renfermait que quelques tronçons de régiments.

Peut-être nous dira-t-on : Que ne parlez-vous du 2 décembre ? Le 2 décembre fut, lui aussi, un attentat.

Expliquons-nous.

Au 2 décembre, le prince-président tenait régulièrement le pouvoir ; il était l'élu direct de la nation, et contenait en sa seule personne plus de suffrages que l'Assemblée réunie. Entre cette assemblée et lui s'était déclarée une lutte, qui allait chaque jour s'envenimant. Inquiète sur son avenir et fatiguée par de continuels dissentiments, la France réclamait une révision de la Constitution. Qu'on se souvienne des vœux favorables qu'émirent à ce sujet quatre-vingt-trois conseils généraux. La révision fut demandée ; l'Assemblée la rejeta. Cependant, les dissensions augmentaient et le danger ne faisait que s'accroître. Un coup d'Etat devenait inévitable. Si le président ne mettait pas la main sur l'Assemblée, l'Assemblée mettait la main sur lui. [1] Le prince prit le peuple pour juge. Il prononça la dissolution de l'Assemblée, réunit le pays dans ses comices et lui demanda, en ces termes, de le condamner ou de l'absoudre :

« FRANÇAIS,

« La situation actuelle ne peut durer plus longtemps.
« Chaque jour qui s'écoule aggrave les dangers du
« pays. L'Assemblée qui devait être le plus ferme appui
« de l'ordre est devenue un foyer de complots... Je
« l'ai dissoute, et je rends le peuple juge entre elle et
« moi...
« Si vous voulez continuer cet état de malaise qui
« nous dégrade et compromet notre avenir, choisissez
« un autre à ma place, car je ne veux plus d'un
« pouvoir qui est impuissant à faire le bien, me rend

(1) On n'a pas oublié que les anciens partis avaient mis en question l'arrestation du prince-président. Dans son *Histoire du second Empire*, un républicain, M. Taxile-Delord, rapporte que le général de Lamoricière avait été mandé « pour marcher ». Dans une brochure intitulée : *Le 2 Décembre*, M. Fernand Giraudeau, ancien préfet, nous révèle la particularité suivante :
« *Avant un mois, nous l'aurons... mis à Vincennes*, disait M. Thiers, en dînant aux *Frères Provençaux*, à l'un de ses amis de collège de qui je tiens l'anecdote. – *Prends garde !* répliqua l'ami, *je crois que c'est lui qui t'y mettra.* »
Quant aux radicaux, ce qu'ils méditaient, l'exclamation suivante que poussa, au moment de son arrestation, Lagrange, le fougueux montagnard, nous l'indique suffisamment : « *Nous voulions le f.... dedans, mais c'est lui qui nousy f....! »*
La vérité est que si le prince Louis-Napoléon n'eût pas mis à Mazas ou au Mont-Valérien les chefs des anciens partis et les montagnards, ceux-ci l'y auraient mis.

« responsable d'actes que je ne puis empêcher, et
« m'enchaîne au gouvernail quand je vois le vaisseau
« courir vers l'abîme.

« Si, au contraire, vous avez encore confiance en
« moi, donnez-moi les moyens d'accomplir la grande
« mission que je tiens de vous...

« *Si je n'obtiens pas la majorité de vos suffrages,*
« *alors je provoquerai la réunion d'une nouvelle*
« *Assemblée et je lui remettrai le mandat que j'ai reçu*
« *de vous.* »

Ce n'était donc pas un changement de gouvernement imposé par la violence, comme en 1848 et en 1870 ; c'était un appel au peuple, dans un moment critique, alors qu'il s'agissait de sortir d'une situation périlleuse et inextricable que le peuple seul pouvait dénouer.

Quelques individualités essayèrent de provoquer la guerre civile ou de la fomenter dans des réunions ténébreuses ?... Pourquoi? Quand on peut en appeler aux suffrages, c'est un crime d'en appeler aux armes.

Le peuple rendit son verdict. Par sept millions de suffrages, il ratifia l'acte du prince-président, s'y associant comme à un acte de salut, qu'il avait appelé de ses vœux. *Salus populi, suprema lex.* [1]

Qu'ont fait les hommes du 4 septembre ? Ont-ils soumis leur conduite au jugement du pays ?

(1) Toutes les royautés et toutes les républiques ont eu pour origine la violence. Hugues Capet, Henri IV, les deux républiques et les deux Napoléon, Louis XVIII et Louis-Philippe sont arrivés au pouvoir par la force. Les deux Napoléon seuls ont osé faire ratifier leur acte par la volonté populaire.

Ont-ils demandé à la souveraineté nationale de les absoudre ou de les condamner? La souveraineté nationale ! ils l'ont foulée aux pieds, puis, ils l'ont confisquée à leur profit.

Hommes du 4 septembre, où sont vos lettres de crédit ? Vous n'êtes que les fils de l'émeute et bientôt M. de Bismark ne vous considérera que comme des aventuriers.

Qu'est-ce donc que le 4 septembre ? C'est la révolution faite en face de l'étranger et à son profit. « C'est le crime de lèse-patrie dans toute son abominable horreur, procédant d'une ambition de parti et n'aboutissant qu'à la ruine et au malheur de tous. » [1]

------

(1) J. Delafosse. — *Procès du 4 septembre.*

BILAN DU 4 SEPTEMBRE.

Sedan était un accident de guerre comme en offre l'histoire de tous les peuples. L'Empire ou un pouvoir régulier pouvait en atténuer les effets, sinon les effacer. Un gouvernement sans mandat, et, par conséquent, n'ayant pas qualité pour négocier avec les puissances ou traiter avec l'ennemi, bien plus, odieux ou suspect à l'Europe monarchique, devait, au contraire, aggraver nos désastres et causer notre perte. C'est ce qui est arrivé, et l'on verra comment ce gouvernement nous a conduits à la honte et à la ruine.

Avec l'Empire, on conservait l'Alsace et la Lorraine. Le *territoire* demeurait *intact* et nous n'aurions eu à payer qu'une rançon de guerre, dont le chiffre n'aurait pas dépassé 800 millions. [1]

Le Czar avait fait à M. le général Fleury, ambassadeur de France à St-Pétersbourg, la déclaration suivante :

« Je saurai, le moment venu, parler haut, si cela
« est nécessaire, pour faire respecter l'intégrité du
« territoire et le maintien de la dynastie. »

[1] Domenech. — *Histoire de la Campagne de 1870.*

Ces paroles étaient consignées dans une dépêche du général, portant la date du 29 août 1870, et que M. de La Tour-d'Auvergne, en quittant le ministère des affaires étrangères, communiqua à M. Jules Favre.

Quand M. Jules Favre, croyant pouvoir compter sur les dispositions amicales de la Russie, essaya de les faire valoir à Saint-Pétersbourg, la cour de Russie répondit que les circonstances étaient changées. Le czar s'était engagé vis-à-vis de la *France impériale* et non vis-à-vis de la *France républicaine*. Il ne voulait pas tenir à celle-ci la promesse qu'il avait faite à celle-là. L'Empire ayant été renversé, il se regarda comme délié et abandonna le nouveau gouvernement à lui-même.

La Turquie, se souvenant que la France avait pris les armes pour la défendre, se disposait à intervenir. Mais, quelques jours après le 4 septembre, elle acquit la conviction que ses efforts seraient inutiles, l'Europe refusant d'intervenir en faveur d'un pays qui n'avait plus de gouvernement. [1]

L'Angleterre, l'Autriche et l'Italie se montraient également disposées à seconder, de tout l'effort de leur diplomatie, la conclusion d'une paix qui laisserait notre territoire entier et ne s'en prendrait qu'à notre argent.

Le renversement de l'Empire et l'avènement

---

[1] Déposition de M. Chevreau, ancien ministre de l'intérieur, devant la Commission d'enquête.

des hommes du 4 septembre nous firent perdre l'appui de ces puissances et nous livrèrent à toutes les exigences d'un ennemi victorieux, disposant d'un terrible engin de guerre et de forces dix fois supérieures aux nôtres.

Avec l'Empire, — on ne saurait trop le répéter, car c'est là un fait avéré, — la paix était rétablie et l'intégrité du territoire maintenue.

Dans le rapport qu'il adressa le 2 septembre au roi de Prusse pour lui rendre compte de son entrevue avec Napoléon III, M. de Bismark s'exprimait en ces termes :

« *Je demandai à l'Empereur s'il était en mesure de* « *traiter des conditions de paix.* L'Empereur déclara « que, étant prisonnier, il ne pouvait le faire.
« Je lui demandai alors qui représentait la France.
« Il s'en référa au gouvernement actuellement à Paris « (la Régence). »

L'Empereur écrivit sur-le-champ à l'Impératrice que l'heure était venue d'ouvrir des négociations en vue de la paix. La dépêche fut remise au général Castelneau. Quand elle parvint à Paris, l'Empire avait été renversé, et, à sa place, s'était installé un gouvernement, qui nous privait de l'intervention des puissances, et dont le premier acte avait été de proclamer la *guerre à outrance*.

Dès à présent, on peut dire que c'est le 4 septembre qui est responsable de la perte de l'Alsace, de la Lorraine et de tous les milliards engloutis dans la guerre, sans compter les ruines amoncelées et le sang inutilement répandu.

D'autres preuves l'établissent d'une façon péremptoire.

Le 20 septembre, quand il n'y avait pas encore un seul Allemand dans le centre de la France, de l'aveu même de M. Jules Favre, on pouvait faire la paix *moyennant la cession de Strasbourg et sa banlieue.*

Cette révélation, M. Jules Favre la fit, le 17 février 1871, à Bordeaux, dans un des bureaux de l'Assemblée, en présence de quarante députés qui s'y trouvaient réunis. Un de ces députés, M. Valon, la porta à la tribune, le 16 juin suivant, dans les termes que voici :

M. Valon. — M. Jules Favre nous a dit qu'à Ferrières, c'est-à-dire le 20 septembre, M. de Bismark lui avait proposé de faire la paix, moyennant la cession de Strasbourg et de sa banlieue ! (*Journal officiel* du 16 juin 1871).

Le lendemain, M. Jules Favre confirma cette déclaration.

M. J. Favre. — Je ne vous cacherai pas, messieurs, qu'à Ferrières il m'eût été possible d'engager des négociations pour la paix à des conditions moins cruelles. A Ferrières, en effet, M. de Bismark m'avait parlé d'une *paix possible au prix de la cession de Strasbourg et de sa banlieue,* et je ne sais pas si ma conscience ne me reprochera pas de n'avoir pas saisi l'occasion qui m'était offerte ; mais je n'eus pas le courage de désespérer de la victoire pour mon pays, et si nous avons une consolation dans nos malheurs, c'est que du moins la France est libre d'elle-même et n'a point de maîtres. (*Journal officiel* du 17 juin 1871).

Ce qui revient à dire : nous avons la République, pourquoi nous plaindre ? La République! n'est-elle pas une consolation assez douce, une compensation assez large à nos désastres ? A côté d'elle, que sont la honte et le démembrement de la France, et qu'importent les malheurs de la Patrie !...

Est-ce que M. Vitet n'a pas écrit dans la *Revue des deux Mondes* :

« Malgré les désastres sans nom que nous a valus l'ANNÉE 1870, cette année N'A PAS ÉTÉ tout-à fait STÉRILE, puisqu'elle a renversé l'Empire. — Nos malédictions doivent se mêler de quelque GRATITUDE, et enfin, tout compte fait, NOUS LA BÉNIRONS. »

Et M. E. Picard, dans l'*Electeur libre* :

« La chute de l'Empire N'EST PAS ACHETÉE TROP CHER PAR LA PERTE DE DEUX PROVINCES. »

Et M. le député Ordinaire :

« La patrie disparaît devant la République. »

Quelle doctrine et quels sentiments ! Ah ! les bons patriotes !

Pourquoi M. Jules Favre avait-il caché au pays les conditions offertes par M. de Bismark ? Son premier devoir, cependant, était de les lui faire connaître.

Le 2 novembre, alors que l'invasion s'étendait sur 19 départements, M. Thiers, revenant de son voyage en Europe, fit à MM. Trochu et Jules Favre la déclaration suivante :

« Si j'ai un conseil à vous donner, acceptez l'armistice même sans ravitaillement, afin de pouvoir convoquer une Assemblée sous le plus bref délai possible, et, à l'aide de cette Assemblée, d'arriver à traiter des conditions de la paix.

« Je ne crois pas que la situation du pays et des armées soit telle que la continuation de la lutte puisse amener un bon résultat. AUJOURD'HUI LA PAIX VOUS COUTERA L'ALSACE ET DEUX MILLIARDS, plus tard, indépendamment des maux et des souffrances de la guerre, la paix vous coûtera l'Alsace, la Lorraine et cinq milliards. » (*Enquête parlementaire.*— Rapport Daru, p. 271). (1).

Le 28 janvier 1871, la France était aux abois; quarante départements étaient envahis; M. Jules Favre repartit pour Versailles. Ce que demanda alors M. de Bismark, on le sait : l'ALSACE, la LORRAINE et une INDEMNITÉ DE CINQ MILLIARDS. Et il fallut subir ces conditions !

Est-il besoin de demander maintenant qui a perdu nos deux provinces, gaspillé le sang, l'honneur et l'argent de la France ?

Les faits attestent, et l'histoire dira, que ce furent les hommes du 4 septembre.

Pourquoi ces hommes rejetèrent-ils successivement les conditions, auxquelles ils pouvaient conclure une paix moins désastreuse et moins humiliante ?

La raison en est bien simple ; c'est que la

_____

(1) L'*Echo sparnacien* a rapporté que, au moment où les négociations avaient été rompues, M. de Bismark avait tenu à M. Thiers à peu près ce langage :

« La paix *vous aurait coûté l'Alsace et deux milliards.* Ces Messieurs ne veulent pas, soit ! Nous allons rester devant Paris. Paris peut tenir jusqu'au 15, au maximum jusqu'au 30 janvier. Il se rendra alors, et la paix se fera, mais *elle vous coûtera l'Alsace et la Lorraine et cinq milliards d'indemnité.* »

Prusse ne voulait traiter qu'avec une Assemblée nommée par le pays. D'où la nécessité de recourir à des élections. Mais, des élections pouvaient compromettre leur chère république et surtout leur arracher le pouvoir. Aussi, ne s'y résignèrent-ils qu'à la dernière extrémité.

Dans le malheur de la patrie, ces hommes, n'ont vu qu'une occasion favorable pour satisfaire leurs haines, leurs appétits, et, en même temps, installer leur république. Ils ont donc sacrifié la France à leurs convoitises et à leurs passions, et, tandis que celle-ci était aux prises avec l'ennemi, ils ont fait main basse sur elle et l'ont conduite, à travers les plus effroyables aventures, à la ruine et au démembrement !

Un écrivain a tracé le bilan du gouvernement de ces hommes. Le voici dans sa sombre éloquence :

Pertes Matérielles.

Indemnité de guerre (défalcation faite du milliard que la Prusse aurait exigé du gouvernement de la Régente) 4,000,000,000

Valeur de l'Alsace et de la Lorraine. 10,000,000,000

Contributions de Paris. 200,000,000

Indemnité aux Allemands expulsés 200,000,000

Frais d'occupation 100,000,000

Rançonnement et dévastation des départements envahis, au bas mot. . 1,000,000,000

Frais de la guerre à outrance, équipement, achat d'armes et de munitions ; — et l'on sait quel équipement, quelles armes et quelles munitions ! 700,000,000

Total 16,200,000,000

SEIZE MILLIARDS !!!

Pertes Morales et en Hommes.

Reddition de Strasbourg, de Metz, de Thionville, de Toul, de Verdun, et de vingt autres forteresses ;

Capitulation de Paris, désarmement de son armée, entrée des Prussiens dans son enceinte ;

Occupation par l'ennemi de quarante départements ;

Conditions dures et humiliantes de la paix de Francfort ;

300,000 officiers et soldats français prisonniers en Allemagne ;

80,000 forcés de se réfugier en Suisse ;

100,000 morts par le feu, le froid, la maladie ou des suites de leurs blessures.

A ces pertes MATÉRIELLES et MORALES, il faut ajouter : la diminution de nos ressources, l'augmentation de nos charges, et le chômage qui, cinq mois durant, fut imposé au travail national.

Hommes du 4 septembre, voilà votre œuvre !

GOUVERNEMENT DU 4 SEPTEMBRE

Au lendemain du 4 septembre, la scène politique fut envahie par la fine fleur de ce parti, qui, sous l'Empire, critiquait tout, ne trouvait rien de bon, tonnait contre le budget et les gros traitements, criait à l'arbitraire, prêchait la liberté, prônait le désintéressement, et, surtout, faisait d'énergiques protestations en faveur de la paix.

Que furent leurs actes ?

Parmi les contradictions que nous pourrions relever, il en est une qui frappe tout d'abord.

La guerre, — on s'en souvient, — était, pour ces hommes, un sujet de récriminations. Ils la déclaraient injuste et folle ; on la faisait sans être prêt. Eh bien ! l'Empire renversé, alors que l'une de nos deux armées était prisonnière et que le succès, douteux la veille, était devenu impossible le lendemain, ils continuent cette guerre. Bien plus, ils la déclarent *à outrance !*

Si étonnante qu'elle paraisse, cette contradiction s'explique.

Pour entrer en négociations avec l'ennemi, il fallait réunir une Assemblée, et l'on a vu les craintes que la convocation d'une Assemblée leur inspirait pour le maintien de la République et la cons rvation du pouvoir.

Le pouvoir ! Ils le tenaient et dût la France périr, ils ne voulaient point s'en de saisir.

On n'a pas oublié avec quelle ardeur ils se jetèrent sur les emplois. Tandis que nos soldats tombaient pour la défense de la patrie, ils ne songèrent, eux, qu'aux fonctions largement rétribuées, aux tripotages de marchés et de fournitures. Ils entonnaient, il est vrai, l'hymne de la guerre, mais ils laissaient à d'autres les fatigues et les dangers des combats.

M. Ernest Dréolle rapporte que, dès son installation à l'hôtel de la place Beauveau, M. Gambetta métamorphosa le ministère de l'intérieur « en bureau de bienfaisance pour les mendiants de l'émeute. »

« A minuit, il y avait déjà, dit-il, quarante-sept préfectures distribuées par M. Gambetta à soixante solliciteurs ; certaines préfectures furent données plusieurs fois, et chaque nomination entraînait l'ouverture d'un crédit pour chacun des candidats » (1).

Dans l'armée, — pauvre armée, qui eut successivement pour ministres de la guerre un vieil avocat juif et un jeune avocat borgne ! — s'introduisirent, sous forme auxiliaire, les éléments les plus dissolvants et les plus disparates.

« Jamais, — dit M. Domenech (2), — aucun des

(1) Ernest Dréolle. — *Journée du 4 septembre.*

(2) Domenech. — *Histoire de la campagne de 1870.*

Césars, anciens et nouveaux, n'avait agi avec tant d'arbitraire Les photographes sans emploi, les pianistes en disponibilité, les épiciers sans clientèle furent faits capitaines d'emblée ; l'apothicaire Bordone reçut même un matin le grade de général de brigade. »

Mal équipées, mal armées, mal commandées, que feront nos jeunes troupes ? Elles se battront vaillamment, mais elles se feront tuer sans profit.

Pendant ce temps, Paris sera livré à tous les désordres, et la province courbée sous le despotisme de tyranneaux incapables.

M. Esquiros, nommé administrateur supérieur des Bouches-du-Rhône, mit son premier soin à retirer CENT SOIXANTE-DIX-NEUF MILLE francs (179,000 fr.) de la Recette générale pour établir, à la préfecture, une trésorerie spéciale. Que fit-il de cette somme ? Il l'appliqua à ses BESOINS PERSONNELS : blanchissage, chemises, cigares, étoffes, comestibles. Ces derniers figurent pour une somme de 17,128 fr. Quel appétit !

M. Gent, successeur de M. Esquiros, se fit marchand de canons. Un rapport adressé au ministre de l'intérieur par M. Henry Durangel contient à ce sujet de curieux détails. Il résulte de ce rapport que les procédés fantaisistes mis en usage dans cette affaire, ont entraîné une dépense injustifiée de 1,974,234 francs 33 c. c'est à dire près de *deux millions* !

Des gouvernements s'étaient installés dans plusieurs villes et notamment à Lyon, où, à l'ombre du drapeau rouge, s'épanouissait la

Commune ! Là, on ne se souciait ni de droit, ni de légalité. Un odieux arbitraire régnait en maître. On arrêtait les magistrats, on violait les propriétés privées, on décrétait des impositions extraordinaires, on mettait sous le sequestre les biens des corporations religieuses. La seconde ville de France était à la merci d'un comité révolutionnaire qui s'intitulait : « Comité de salut public ! »

M. Laurier concluait à Londres, avec la maison Morgan, un emprunt de 250 millions au taux onéreux de 8 p. 100, prime comprise !

L'emprunt contracté en Angleterre par la délégation de Tours, nous coûte, — a dit un écrivain, — plus de *huit pour cent*. Il n'était heureusement que de 250 millions ; mais sur cette somme, il n'est guère entré au Trésor que 202 millions, *48 millions* sont restés dans les mains des prêteurs et des négociateurs.

D'après le *Siècle*, une autre maison de Londres avait offert des conditions plus avantageuses. Pourquoi ne furent-elles pas acceptées ?

M. Crémieux, décrétant une nouvelle organisation de l'Algérie, déclarait citoyens français les israélites habitant la colonie. Cette mesure excita le mécontentement de la population arabe et fit éclater une vaste insurrection.

Quant aux charges militaires, elles furent réparties inégalement. Beaucoup de jeunes gens parvinrent à s'y soustraire en invoquant une origine ou des sentiments républicains.

« Nos gouvernants et nos préfets, — dit un écrivain, — favorisaient les réfractaires républicains qui laissaient prudemment aux « réactionnaires et aux cléricaux » le soin de défendre la patrie et de mourir pour elle. A Lyon, Marseille, Bordeaux, Toulouse, Montauban, et dans une multitude d'autres préfectures, on aurait pu former des légions entières avec les mobilisés réfractaires et ceux que les préfets admettaient dans les administrations publiques pour les soustraire aux décrets de la mobilisation. » (1).

Parlerons-nous maintenant des marchés scandaleux et des dilapidations inqualifiables qui eurent lieu à cette époque ? C'était le beau temps des fournisseurs éhontés et du gaspillage des deniers publics. Des sommes énormes furent dépensées pour habiller, équiper et armer les mobilisés ; mais ceux-ci ne reçurent, en échange, que des armes, des vêtements et des chaussures de rebut. Aussi, en face de l'ennemi, se trouvèrent-ils presque sans défense, et parmi ceux que ne frappèrent point les balles prussiennes, combien furent atteints de maladies qui devinrent mortelles !

Les journaux flétrirent ces actes odieux, et, dans un article que publia le *Progrès de Lyon*, on lisait :

« Les vols, ils sont manifestes, ils sont connus de tout le monde ! Tout le monde sait que les vêtements de nos légions sont partis en lambeaux au bout de quelques jours. Les cartouchières de plusieurs compagnies étaient en si mauvais cuir, qu'elles se sont déchirées dès qu'on a voulu y mettre la main ; des souliers, après quelques kilomètres n'avaient plus de semelle, et des gens en qui nous avons pleine

____

(1) Domenech. — *Histoire de la campagne de 1870.*

confiance, nous ont affirmé que la manière, dont ils étaient faits était si peu résistante, qu'avec l'ongle on pouvait enlever un morceau du talon...

« Nous avons vu de nos propres yeux, un billet de 1,000 fr. renvoyé par un fournisseur honnête auquel il avait été donné par un officier chargé de faire des achats, afin de le décider à enfler sa facture. »

A Lille, le commissaire extraordinaire de la République gaspilla une somme de QUINZE MILLIONS destinée à subvenir aux nécessités de la défense dans le département du Nord. Une brochure intitulée : *La dictature de M. Gambetta*, résume ainsi le bilan de cette singulière gestion :

« Marchés concédés pour des prix énormes à des amis, sans la garantie de l'adjudication, comme sans le moindre respect pour les règles de la spécialité : à un filateur, la fourniture des souliers ; à un marchand de fils, la fourniture des canons ; à un marchand de linge de table, la fourniture de la sellerie ; à un marchand de cachemires de l'Inde, la fourniture des couvertures et des fusils ; à un directeur de théâtre, la remonte, etc.

« Achat — POUR HUIT CENT MILLE FRANCS ! — de cartouches sans poudre, dont neuf sur dix rataient ;

« Achat de tentes en si grande quantité, qu'on en eût pu couvrir tout l'arrondissement ;

« Achat de lots considérables de havresacs à 14 fr. pièce, estimés depuis 3 fr. tant ils étaient défectueux. » (1)

D'un côté, l'invasion ; de l'autre, le despotisme ; partout, des tripotages, des gaspillages,

____

(1) M. H. Blandeau. — *La dictature de M. Gambetta.*

des impositions, des réimpositions, des emprunts, des réemprunts et des réquisitions.

Et dire que ces trafics odieux et criminels n'étaient pas une exception mais la règle générale !

Pendant ce temps, nous marchions de revers en revers, de désastre en désastre !

Les conseils municipaux avaient été dissous ; les conseils généraux le furent également. Cette dernière mesure faisait disparaître la seule autorité qui tînt encore son mandat du vote populaire.

Le décret, qui frappait les conseils généraux, remettait au gouvernement le soin de nommer des commissions départementales. Pourquoi ? Ah ! c'est que les conseils généraux étaient chargés de vérifier les dépenses, et que, sans doute, on voulait se débarrasser de tout contrôle gênant.

La magistrature elle-même fut atteinte dans son inamovibilité, c'est-à-dire dans ce qui constitue le libre exercice de la justice.

Mais, la France allait rentrer en possession d'elle-même.

Le 29 janvier 1871, un armistice fut conclu par le gouvernement de Paris. Cet armistice avait pour but de faciliter l'élection d'une Assemblée, qui serait chargée de décider de la paix ou de la guerre. Gambetta résista. Bordeaux et Paris entrèrent en lutte, et l'anarchie gouvernementale menaça de tourner au tragique. Gambetta se cramponnait au pouvoir et ne voulait point l'abandonner ; enfin, il dut se résoudre à donner sa démission, après avoir fait un appel aux armes !

L'Assemblée fut élue le 8 février, et, par ses choix, le pays exprima sa volonté de mettre un terme à la guerre et à l'état de choses inauguré le 4 septembre.

Ainsi finit, — pour nous servir des expressions employées par M. Thiers, — cette « POLITIQUE DE FOUS FURIEUX QUI MENAIENT LA FRANCE A L'A-BÎME. [1] »

Au bout de ces folies, il y a des ruines, il y a du sang, il y a de la honte, et c'est la France qui paye !

-----

(1) M. Thiers. — Assemblée nationale. Séance du 8 juin 1871.

GUERRE et COMMUNE.

Avant d'aborder ce grave sujet, faisons justice de cette accusation stupide qui attribue à l'Empire tous les désastres de la guerre.

Si la continuation de la lutte avait tourné à notre avantage, les hommes du 4 septembre en revendiqueraient le bénéfice. Elle nous a conduits au démembrement et à la ruine Qu'ils en portent le fardeau.

Au moment où il a été renversé, l'Empire, — nous l'avons montré plus haut, — l'Empire aurait conclu la paix sans perte de territoire et moyennant une simple indemnité pécuniaire.

L'Empire abattu, des hommes s'emparent révolutionnairement du pouvoir et impriment aux affaires la direction que l'on sait. Et l'on voudrait faire retomber sur l'Empire, qui n'est plus et qu'ils ont eux-mêmes détruit pour se substituer à lui, la responsabilité de leurs actes et de leurs folies !

Qu'ont fait ces hommes ? Pour imposer la République et conserver le pouvoir, ils ont continué une guerre reconnue impossible, refusant de faire la paix : le 20 septembre, moyennant *Strasbourg et sa banlieue* ; le 2 novembre, moyennant l'*Alsace et deux milliards* ; et, le

28 janvier, traitant à ces conditions : *abandon
de l'Alsace et de la Lorraine ; paiement d'une
indemnité de 5 milliards !*

Ces hommes sont donc responsables de tous
ces désastres, puisqu'il a été en leur pouvoir d'y
mettre un terme et que ceux-ci, d'ailleurs, se
sont accomplis sous leur domination.

Mais, diront-ils, la France ne pouvait accepter la paix sous le coup de l'humiliation de
Sedan. Soit. Du moins, fallait-il la consulter.

« Fût-il vrai, dit un écrivain (1), que la France,
dans l'irritation de son orgueil, eût voulu continuer la
lutte, il y a toutes sortes de raisons de croire qu'elle
l'eût autrement conduite, c'est à-dire remis le gouvernement et la guerre en des mains plus expertes et
capables de la mener à une autre fin. Mais le gouvernement du 4 septembre fit la guerre pour la république,
de même qu'il avait pris le pouvoir pour lui seul.
Non seulement il ne consulta pas la nation ; mais il
brisa tous les pouvoirs élus au moyen desquels elle
eût pu se faire entendre encore ; pendant cinq mois il
régna seul et fit d'elle ce que lui dictait son effrénée
fantaisie. Il nous semble que les conséquences d'une
pareille conduite s'accusent avec une invincible
évidence. Le 4 septembre est seul responsable, puisqu'il
fut le seul acteur. Si la république nous avait rendu la
victoire, expulsé l'ennemi, promené l'invasion française sur un tiers de l'Allemagne, et signé une paix
qui nous eût donné la rive gauche du Rhin et une
indemnité de cinq milliards, la république aurait tout
l'honneur de son triomphe et ne le partagerait pas.
Souffrez donc qu'elle porte sans partager aussi la
responsabilité du résultat contraire, puisque c'est à la

(1) J. Delafosse. — *Procès du 4 septembre.*

perte de l'Alsace-Lorraine et de cinq milliards qu'elle nous a conduits.

« Prétendre, comme on le fait dans le parti républicain, que la continuation de la guerre n'est qu'un legs de l'empire, et que les catastrophes finales reviennent de droit au régime qui l'avait commencée, c'est pécher contre la logique et contre la vérité Les responsabilités de l'empire s'arrêtent au jour même de sa chute, et c'est à ce moment aussi que commencent les responsabilités du régime qui lui succéda. »

Mais c'est trop insister sur ce point. Revenons à la guerre proprement dite.

II

La guerre de 1870 remonte à Sadowa, qui, créant à nos portes une grande puissance rivale, devait provoquer en France un certain mécontentement, tandis que, en Prusse, cette victoire allait surexciter des convoitises ardentes. On se souvient de ce qui se passa. Chez nous, l'opposition révolutionnaire, qui avait pris parti pour la Prusse, [1] changea subitement de langage et, dès

(1) Avant Sadowa, le *Siècle* disait : « Il y a des gens qui prétendent que l'agrandissement de la Prusse est un danger pour nous ; réactionnaires, cléricaux, tous ces ennemis de l'Italie s'entendent pour promener devant nos yeux le fantôme de l'invasion allemande comme s'il y avait un péril sérieux dans la réunion de 28 millions d'Allemands. » Après Sadowa, le *Siècle* et les autres organes *ejusdem farinæ* montraient la France affaiblie et humiliée. Etrange inconséquence, singulière anomalie !

ce moment, s'efforça de représenter Sadowa comme une défaite nationale et de montrer la France comme ayant été humiliée et bafouée. [1] L'esprit public ne fut point insensible à ces excitations. Quant à la Prusse, elle songea sérieusement à reconstituer l'Empire d'Allemagne à son profit. Qui pouvait s'y opposer ? Ce n'était ni l'Autriche, ni l'Angleterre. La première était trop faible et la seconde trop égoïste. La France seule pouvait y mettre obstacle. Donc, il fallait abattre la France.

Les dispositions de la Prusse n'échappèrent point à l'Empereur. Il proposa un désarmement, et, celui-ci ayant été rejeté, il se mit en mesure de parer à toutes les éventualités, en faisant élaborer une réorganisation complète de notre système militaire, réorganisation qui devait donner à la France « une armée de 1,200,000 soldats exercés et n'augmentant que faiblement les charges du budget. »

L'opposition ameuta l'opinion contre cette réforme militaire, dont le maréchal Niel était l'âme. M. Jules Simon repoussait la loi parce qu'elle constituait une aggravation de la toute-puissance de l'Empereur. M. Picard demandait qu'on substituât la garde nationale à l'armée

(1) L'Empire n'avait point voulu favoriser l'hégémonie prussienne. Loin de là. Il songeait que la lutte se terminerait à l'avantage de l'Autriche, dont la supériorité militaire paraissait incontestable. Les succès foudroyants de la Prusse causèrent un étonnement général, et c'est grâce au cours imprévu des événements, que la réserve du gouvernement impérial prit soudainement les proportions et les apparences d'une faute.

régulière ; M. Pelletan appelait le militarisme une plaie ; M. de Janzé demandait qu'on revînt aux contingents de 60,000 hommes ; M. Garnier-Pagès appelait le budget de la guerre un chancre et se contentait de la levée en masse en cas de guerre ; M. Jules Favre protestait au nom de sa conscience révoltée quand il entendait dire qu'il fallait que la France fût armée contre ses voisins. M. Thiers, enfin, traitait de fantasmagorie le chiffre des forces allemandes. [1]

Cette opposition détermina un courant tel que beaucoup de députés, dévoués au gouvernement, furent entraînés à combattre notre réorganisation militaire et à refuser les subsides demandés pour l'armement. Qu'on se rappelle l'aveu que, le 15 juillet 1875, un des députés de l'Appel au

---

[1] Dans un banquet qui a eu lieu à Evreux, le 5 septembre 1875, M. Raoul Duval, député, a dit à ce propos :

« Qui donc avait été imprévoyant avant la guerre ? Etait-ce « le gouvernement de l'Empire ? Etait-ce l'opposition ? Au mo- « ment de la catastrophe, M. Thiers, qui s'était prononcé contre « la déclaration de guerre, nous semblait avoir seul accaparé « toute prescience.

« Peu à peu, on se rappela qu'il avait combattu cette loi de « salut national qui avait usé les derniers efforts du maréchal « Niel. On se rappela les votes patricides de l'opposition, le « contingent réduit, les subsides pour l'armement refusés, la « garde mobile forcément restée sans organisation, et l'indis- « cipline partout fomentée ! Le véritable prophète, l'homme « patriotiquement prévoyant, nous est alors apparu sous les « traits du maréchal Niel, répondant à M. Jules Favre, qui lui « reprochait de vouloir faire de la France une vaste caserne : « *Prenez garde d'en faire un vaste cimetière !* » (Sensation « prolongée).

« Ce cimetière, ils l'ont creusé, et s'il y a encore des larmes « dans les yeux de l'envoyé de Ferrières, il ne lui reste pas trop « de jours pour les aller répandre sur les tombes de ceux dont « son imprévoyance l'a peuplé. » (Vive sensation).

peuple, M. Haentjens, est venu faire à l'Assemblée, en reconnaissant les torts qu'il avait eus en ne s'associant pas aux mesures proposées par l'Empereur pour accroître nos forces et mettre nos frontières en état complet de défense.

« Quelques-uns ont objecté que le Corps législatif étant, en grande partie, l'œuvre du gouvernement impérial, celui ci pouvait et devait le contraindre. (1) L'événement a prouvé qu'ils se trompent. Il est impossible d'être plus pressant que ne le fut le maréchal Niel dans cette lutte de trois années Il mettait dans la défense de ses projets une émotion qui remuait toujours son auditoire, mais ne le domptait pas. La résistance aux dépenses militaires était absolue : rien ne l'en eût fait démordre. Mais le gouvernement pouvait, au moins, changer d'Assemblée ? Sans doute ; seulement, l'Assemblée nouvelle eût été pire Veut on connaître le courant d'opinion qui dominait alors ? Qu'on lise ce passage de la profession de foi que M. le duc d'Audiffret Pasquier adressait en 1869 aux électeurs de l'Orne : « Si vous m'envoyez à la Chambre, « je demanderai la réduction des contingents, qui « enlèvent chaque année des bras à l'agriculture et des « ouvriers à l'industrie... » C'était partout ainsi : toutes les professions de foi portaient témoignage de cet aveuglement qui nous poussait aux abîmes. » (2)

---

(1) Le Corps législatif n'était point une assemblée servile — *servum pecus* — comme on l'insinue dans certain monde. Il se composait d'hommes probes et indépendants, ayant, pour la plupart, de hautes positions dans le pays, qui votaient d'après leur conscience et suivant ce qui leur semblait conforme au vœu et à l'intérêt du pays. Dans tous les temps, il faut compter avec l'opinion publique. D'ailleurs, est ce que, en 1860, le Corps législatif n'obligea pas le gouvernement à retirer une demande en 500,000 fr. de dotation pour le général de Montauban, comte de Palikao. On le voit, le Corps législatif savait faire acte d'indépendance. Il l'a prouvé en maintes circonstances, et, notamment, lors de la présentation du projet de loi relatif à la réorganisation militaire.

(2) J. Delafosse. — Procès du 4 septembre.

Bref, les projets du gouvernement échouèrent, l'armement ne put être amélioré, ni la garde mobile organisée. On avait même soulevé l'opinion publique contre cette institution, à tel point que, dans certaines localités, l'inscription sur les contrôles amena des troubles inquiétants.

Dès 1866, la guerre était imminente ; quatre ans plus tard, elle était inévitable. Si la France a été en quelque sorte prise au dépourvu, la faute en est aux hommes qui se sont opposés à notre réorganisation militaire. Croit-on, d'ailleurs, que la Prusse aurait osé nous braver si nous avions pu mettre en ligne les 1,200,000 hommes, instruits et équipés, que donnait le plan de réforme préparé par le maréchal Niel ? Non, assurément non. C'est donc avec raison que, au mois de mai 1872, le général Chanzy a fait entendre ces paroles à la tribune : « Je ne doute « pas qu'une bonne part de la responsabilité de « nos désastres n'incombe à ceux qui ont fait, « en 1868, avorter notre réforme militaire. »

III

La candidature du prince de Hohenzollern au trône d'Espagne, fut le stratagême employé par la Prusse pour nous attirer dans une guerre qu'elle avait préparée de longue main, et qui, grâce à l'opposition, devait nous trouver, — militairement parlant, — dans un état d'infériorité compromettant pour notre honneur et notre sécurité.

Qu'était la candidature Hohenzollern ? Une provocation, un acte déloyal, une menace et un danger.

Une provocation et un acte déloyal ! Parce que cette candidature s'était produite une première fois, en 1869, et que, le gouvernement impérial intervenant, la Prusse avait rejeté toute idée d'y donner suite. [1]

Une menace et un danger ! Parce que, « la France, enlacée sur toutes les frontières par la Prusse ou par les nations soumises à son influence, se serait trouvée réduite à l'isolement » et placée dans une « situation à beaucoup d'égards plus grave qu'au lendemain des traités de 1815. » [2]

Pour conjurer une telle éventualité, le gouvernement entama secrètement des négociations, et, très probablement, il eût mené à bien l'œuvre entreprise par lui, quand le 5 juillet 1870, un des amis de M. Thiers, M. Cochery, informé, — on ne sait comment, — de ce qui se passait, l'interpella « sur la candidature éventuelle d'un prince de la famille royale de Prusse au trône d'Espagne. »

[1] Circulaire de M. de Gramont du 21 juillet 1870.

[2] *Siècle.* — 16 juillet 1870.

Cette nouvelle éclata sur le pays comme une bombe. Est-il besoin de rappeler comment fut accueillie la prétention de la Prusse ?

M. About écrivait dans le *Soir* :

« Quoi ! on permettrait à la Prusse d'installer un Proconsul d'Espagne ! Mais nous sommes 38 millions de prisonniers si la nouvelle n'est pas fausse ! Il faut absolument qu'elle soit fausse. Elle le sera si l'on veut, *mais le gouvernement français est-il encore capable de vouloir ?* »

Le *Rappel* disait :

« Les Hohenzollern en sont venus à ce point d'audace qu'ils osent méditer ce monstreux projet de domination universelle qu'ont vainement rêvé Charles-Quint, Louis XIV et Napoléon. Il ne leur suffit plus d'avoir conquis l'Allemagne, ils aspirent à dominer l'Europe ! Ce sera pour notre époque une éternelle humiliation que ce projet ait été, *nous ne dirons pas entrepris, mais seulement conçu. — F.-V. Hugo.* »

Quant au sentiment public, excité, depuis Sadowa, par des provocations incessantes, il vit dans les agissements de la Prusse une manœuvre dirigée contre la France, et, par suite, conçut une irritation, dont l'explosion ne devait pas se faire attendre.

On a dit avec raison que la guerre était sortie de l'interpellation Cochery.

Cette interpellation saisit, en effet, l'opinion publique d'une question, qui allait passionner les esprits. En d'autres termes, elle mit le feu aux poudres. D'un autre côté, elle compromit le succès de négociations qui, tenues secrètes, auraient peut-être amené une entente, ou tout au moins, aurait duré assez pour permettre à certaines puissances de nous seconder dès notre entrée en campagne. Forcé de s'expliquer devant la France et devant l'Europe, M. le duc de Gramont, ministre des affaires étrangères, dut tenir un langage, qui excluait tout atermoiement. Dans la séance du 6 juillet, après avoir confirmé la nouvelle de la canditature du prince de Hohenzollern, il ajouta :

M. DE GRAMONT, ministre des affaires étrangères : ... Nous avons toujours été sympathiques à l'Espagne. Nous n'avons jamais pris parti pour aucun prétendant, nous avons gardé la neutralité. Nous persisterons dans notre conduite ; mais notre respect pour les droits d'un peuple voisin ne peut pas faire que nous laissions une puissance étrangère essayer de relever le trône de Charles-Quint, détruire à notre détriment l'équilibre actuel des forces de l'Europe (applaudissements frénétiques) et mettre en péril les intérêts et l'honneur de la France (applaudissements et bravos répétés). Cette éventualité ne se réalisera pas. Nous comptons sur la sagesse du peuple allemand et sur l'amitié du peuple espagnol. S'il en était autrement, forts de votre appui et de celui de la nation, nous saurions remplir notre devoir sans hésitation et sans faiblesse (applaudissements et bravos).

M. CRÉMIEUX... Les paroles qu'on vient d'entendre sont de telle nature qu'une protestation est indispensable (réclamations). Le gouvernement est dans l'incertitude de savoir s'il veut la paix ou la guerre.

M. OLLIVIER, garde des sceaux : Le gouvernement veut la paix (mouvement). Il la désire avec passion (très bien), mais avec honneur (applaudissements)..

La déclaration de M. de Gramont répondait si bien au sentiment général, qu'elle obtint, on

peut le dire, une adhésion presque unanime.
Un journal s'écriait : « Nous sommes soulagés
« de nous sentir enfin redevenus français. » [1]
Quant à la presse radicale, une seule chose
semblait la préoccuper, ce n'était ni l'honneur ni
la sécurité de la France, mais l'avénement de ce
qu'elle appelait la démocratie. Qu'on en juge par
les lignes suivantes qui parurent dans le *Réveil*,
sous la signature de M. Delescluze :

Nous savons aussi bien que personne que, fidèle aux
traditions envahissantes de sa race, enivrée de ces
faciles victoires de 1866, la maison de Hohenzollern
aspire à fonder sa grandeur sur l'anéantissement de la
liberté européenne, et qu'elle ne poursuit pas d'autre
but en soumettant d'abord l'Allemagne entière à son
hégémonie. *Aussi vienne le jour où, ne relevant alors
que d'elle-même, la France aurait à se défendre de ses
attaques, et l'on verra si la Démocratie n'est pas la première au combat. Jusques-là son unique, son impérieux
devoir est de conjurer des conflits* préparés par les rois
et dont l'issue, quelle qu'elle soit, ne peut être que
défavorable à la liberté, puisque la victoire, où qu'elle
se portât, ne servirait que le militarisme monarchique.

Cependant, le gouvernement cherchait les
moyens d'aplanir le différend, et, dans ce but,
faisait appel aux bons offices du cabinet anglais.

Le 13 juillet, on vit poindre une lueur de paix.
Ce jour-là, le *Constitutionnel*, organe officieux
du cabinet, publiait l'entrefilet que voici :

Le prince de Hohenzollern ne règnera pas en
Espagne.

(1) *Le Correspondant.* — Juillet 1870.

Nous n'en demandons pas davantage, et c'est avec orgueil que nous accueillons cette solution pacifique :

Une grande victoire qui ne coûte pas une larme, pas une goutte de sang !

Que s'était-il passé ?

Le père du prince de Hohenzollern avait notifié à l'ambassadeur d'Espagne, qui l'avait transmis à M. de Gramont le désistement du prince au trône d'Espagne. Mais le roi de Prusse y était resté étranger, de telle sorte que ce désistement était purement illusoire. Aussi, l'entrefilet du *Constitutionnel* souleva de vives réclamations.

La *Presse* disait :

Cette victoire « qui ne coûte ni une larme, ni une goutte de sang, » dont parle le *Constitutionnel*, cette victoire serait pour nous *la pire des humiliations et le dernier des périls*... Aucune faute ne serait plus lourde ni plus redoutable que de nous contenter aujourd'hui de satisfactions dérisoires. Il ne suffit pas qu'un colonel prussien renonce à quelque ambition ridicule. Il faut que la Prusse par un acte de son gouvernement, reconnaisse les principes du droit public. »

L'*Opinion nationale* :

... On nous dit aujourd'hui que nous avons la paix. Quelle paix ? Qu'avons nous obtenu de la Prusse ? Quel désaveu du passé ? Quelles garanties pour l'avenir ? Rien. Le candidat prussien lui-même reste dans la coulisse ; c'est son papa qui vient nous annoncer son désistement.

Le *Siècle* :

Qui nous répond que dans trois mois, dans six mois, la question du Nord-Sleswig, la question des rapports entre l'Allemagne du Nord ne nous condamneront pas aux mêmes alarmes ?

Au Sénat, comme au Corps législatif, la renonciation spontanée du prince de Hohenzollern fut regardée comme insuffisante.

De son côté, l'opinion publique se livrait aux manifestations les plus belliqueuses.

Grâce à l'exagération des partis, la bataille de Sadowa était devenue pour nous un second Waterloo. Depuis quatre ans, dans la presse comme à la tribune, on faisait rougir notre front par ce souvenir sans cesse évoqué... Comment pouvait on penser que le peuple français supporterait patiemment de telles excitations, qu'il prendrait humblement son parti d'un souvenir humiliant sans cesse rajcuni, et qu'un jour ou l'autre il ne tenterait pas de l'effacer ? Autant vaudrait, après avoir agacé le taureau pendant des heures, s'étonner qu'il bondisse...

L'opinion publique ne voulait plus entendre parler de paix. Les cris de guerre se produisaient partout avec une intensité et un ensemble formidables. Le ministre Ollivier, qui passait pour partisan de la paix, est poursuivi, insulté jusque devant son hôtel ; le *Constitutionnel* est déchiré, foulé aux pieds ; l'Empereur, dans sa voiture, est entouré sur les boulevards d'une foule enthousiaste qui l'accompagnait en criant: *La guerre ! La guerre !* (1)

Malgré la pression de l'opinion publique, le gouvernement fit de nouvelles démarches pacifiques, et demanda au roi Guillaume de vouloir bien déclarer qu'il n'autoriserait pas à l'avenir le renouvellement de la candidature du prince de Hohenzollern. Le roi refusa, et, le 15 juillet,

____

(1) F. Giraudeau. — *La vérité sur la campagne de 1870.*

M. Emile Ollivier, devant le Corps législatif, et M. le duc de Gramont, devant le Sénat, donnaient lecture d'une déclaration rendant compte des efforts qui avaient été tentés. Le gouvernement disait :

. . . .

. . . . , . .

Le roi a consenti à approuver la renonciation du prince Léopold, mais il a *refusé* de déclarer qu'il n'autoriserait plus à l'avenir le renouvellement de cette candidature.

« J'ai demandé au roi, nous écrivait M. Benedetti, « le 13 juillet à minuit, de vouloir bien me permettre « de vous annoncer en son nom que si le prince « Hohenzollern revenait à son projet, Sa Majesté « interposerait son autorité et y mettrait obstacle. Le « roi a *absolument refusé* de m'autoriser à vous trans- « mettre une semblable déclaration. (*Mouvement*). J'ai « vivement insisté, mais sans réussir à modifier les « dispositions de Sa Majesté.

« Le roi a terminé notre entretien en me disant « qu'il ne pouvait ni ne *voulait* prendre un pareil « engagement, et qu'il devait, pour cette éventualité « comme pour toute autre, *se réserver la faculté de* « *consulter les circonstances.* »

Quoique ce refus nous parût injustifiable, notre désir de conserver à l'Europe les bienfaits de la paix était tel que nous ne rompîmes pas les négociations, et que, malgré votre impatience légitime, craignant qu'une discussion ne les entravât, nous vous avons demandé d'ajourner nos explications jusqu'à aujourd'hui.

Aussi, notre surprise a-t-elle été profonde lorsque, hier, nous avons appris que le roi de Prusse avait notifié par un aide-de-camp à notre ambassadeur qu'il ne le recevrait plus (*profond mouvement d'indignation*) et que, pour donner à ce refus un caractère non équivoque, son gouvernement l'avait communiqué officiellement aux cabinets de l'Europe.

Nous apprenions en même temps que M. le baron Werther avait reçu l'ordre de prendre un congé et que des armements s'opéraient en Prusse.

Dans ces circonstances, tenter davantage pour la conciliation eût été un oubli de dignité et une imprudence...

Dès hier, nous avons appelé nos réserves, et, avec votre concours, nous allons prendre immédiatement les mesures nécessaires pour sauvegarder les intérêts, la sécurité et l'honneur de la France.

Un projet de loi relatif à l'ouverture de crédits supplémentaires au budget de la guerre, et un autre ayant pour objet l'appel à l'activité de la garde mobile, furent successivement présentés. La Chambre les adopta, séance tenante, par 247 voix contre 10.

Dans la discussion, qui précéda le vote, M. Thiers exprima l'opinion qu'il fallait se contenter du retrait de la candidature du prince de Hohenzollern, tel qu'il était formulé. M. Jules Favre prétendit que le ministère avait cherché la guerre. Replaçant le débat sur son véritable terrain, M. de Kératry s'écria : « La question se borne à ceci : la France a-t-elle subi un outrage ? Oui ou non. » A quoi, M. de Talhouët, rapporteur de la commission, répondait quelques instants après : « Le sentiment profond produit « par l'examen des pièces, est que la Frace ne « *pouvait tolérer l'injure* faite à la nation, et « que la diplomatie a fait son devoir. » Et un député de la gauche, M. Guyot-Montpayroux ajoutait : « Je pense que la Prusse a oublié ce

« qu'était la France d'Iéna, et qu'il faut le lui
« rappeler. En parlant ainsi, je réponds au
« sentiment de ceux qui m'ont envoyé dans
« cette enceinte ; je traduis l'opinion de *l'im-*
« *mense majorité du pays.* »

Le vote de la Chambre fut acclamé par le
pays. Ne répondait-il pas, en effet, au sentiment
général ? De toutes parts éclataient des manifestations belliqueuses. Dans la presse, les journaux
qui, d'habitude, étaient sympathiques à l'opposition, blâmaient eux-mêmes l'attitude des dix.

Le *Soir* s'exprimait en ces termes :

Dix hommes qui prétendent personnifier la France
libérale, dix députés choisis par des électeurs français
pour défendre les intérêts de la patrie, n'ont pas
craint, au lendemain d'une insulte flagrante, en face
d'une guerre fatale, à la veille d'une action décisive
pour l'honneur français, de refuser péremptoirement
les subsides qui doivent aider nos soldats à venger
l'affront que nous avons reçu.

Que leurs noms soient connus !

Ce sont MM. Arago, Desseaux, Esquiros, Jules
Favre, Gagneur, Garnier Pagès, Glais Bizoin, Grévy,
Ordinaire, Pelletan.

En agissant ainsi, ils n'ont pas servi la cause démocratique, ils l'ont trahie.

Ils n'ont point adopté les traditions de leur parti,
ils les ont répudiées.

Ils n'ont point écouté leur conscience, mais leur
orgueil.

Et ailleurs :

Ce qui n'a pas de nom, c'est la conduite de M. Thiers,
de ce même M. Thiers qui souffle le vent depuis quatre
années et qui s'étonne aujourd'hui de récolter la

tempête ; de ce même M. Thiers qui a tant crié contre Sadowa, et qui se fâche aujourd'hui d'un effort national qui a pour but de le réparer ; de ce même M. Thiers qui s'indigne parce qu'on fait en ce moment ce qu'il a toujours conseillé de faire.

L'*Opinion nationale* :

La gauche, il faut bien le dire, quelque regret que j'en aie, la gauche *s'est oubliée.* Avant le sentiment national, avant la prudence qui lui commandait de ne point affaiblir l'élan français ; avant le sentiment de patriotique réserve qui s'imposait à tous, elle a fait passer ses rancunes, ses appréhensions... Quant à M. Thiers, mieux eût valu pour sa mémoire que sa carrière se fût terminée avant cette journée.

Çà et là, quelques feuilles et quelques personnalités remuantes attaquaient les décisions de la Chambre et les agissements du gouvernement. Mais ignore-t-on quel secret dessein les faisait agir ?

« Ils ne redoutaient pas la défaite, ils redoutaient la victoire. Ils ne voyaient pas le prestige de la France entamé : hélas ! nul n'y songeait alors ! ils voyaient le prestige de l'Empire accru. » (1)

Que disaient, d'ailleurs, certains journaux tels que le *Réveil* et le *Rappel* ?

Le *Réveil* :

Les Prussiens sont battus, le chassepot l'emporte. Savez-vous ce qui arrivera ? Enivré de son triomphe, le gouvernement personnel redeviendra plus exigeant que jamais, et la liberté, à peine entrevue dans un lointain douteux, sera pour dix ans peut être refoulée dans les limbes dont il ne faudra pas moins qu'un miracle pour la sortir.

(1) F. Giraudeau. — *La vérité sur la campagne de 1870.*

Le *Rappel :*

Si l'armée française est victorieuse, nous sommes dans la main de Napoléon III, — si elle était vaincue, nous serions, — et cela serait assez humiliant, — dans les mains du roi Guillaume.

Ces journaux, organes du parti radical, n'avaient qu'une préoccupation et qu'une crainte : l'accroissement du pouvoir de l'Empereur. L'honneur et la sécurité du pays ! Qu'est-ce que cela ? Leurs aspirations ne vont pas au-delà du triomphe de leur parti, et, à ce triomphe, ils sont prêts à sacrifier la France !

Le 17 juillet, nos armements entraient en pleine activité, et, le 19, la guerre était déclarée.

IV

L'Empereur voulait-il la guerre ? Non. Il l'a déclaré lui-même. Sa parole est, du reste, confirmée par de nombreux témoignages.

En recevant à Saint-Cloud la députation du Corps législatif, S. M. faisait entendre ces paroles :

Nous avons fait TOUT CE QUI DÉPENDAIT DE NOUS *pour éviter la guerre, et je puis dire que c'est la nation tout entière qui, dans son* IRRÉSISTIBLE ÉLAN, A DICTÉ NOTRE RÉSOLUTION. »

Sa proclamation à l'armée, — on s'en souvient, — ne respirait point une ardeur belliqueuse.

Elle était, au contraire, empreinte de tristesse et réflétait de sombres préoccupations.

Dans les *papiers secrets* de la famille impériale, on a trouvé des lettres du maréchal Lebœuf qui prouvent clairement que l'Empereur ne voulait pas la guerre. On y a également trouvé une note écrite par l'Empereur, dans laquelle il démontre qu'en présence des forces de la Prusse la lutte était *impossible*.

Dans son livre : *Un ministère de la guerre de vingt-quatre jours*, le général Palikao a dit :

« Le gouvernement a été entraîné dans cette guerre par le sentiment public. »

Nous trouvons dans une brochure [1] le renseignement suivant qui ne saurait passer inaperçu :

… Au milieu du contentement que devait faire éprouver à l'Empereur l'enthousiasme éclatant partout sur ses pas, on remarquait sur ses traits une expression de tristesse lorsqu'il entendait les plus exaltés crier : *A Berlin ! A Berlin* !

On a prétendu que l'Empereur aurait dû réagir contre l'opinion publique. Mais l'opinion publique est comme le torrent ; elle emporte et brise tout ce qui raidit contre elle.

En face du cabinet unanime, en face de la presse et de la Chambre à peu près unanimes, en face d'une agitation populaire que des témoins peu suspects déclaraient « irrésistible » [2] se figure-t-on l'Empereur étendant la

[1] *Des causes qui ont amené la capitulation de Sedan.*

[2] Dépêche de l'ambassadeur d'Angleterre à son gouvernement.

main et arrêtant le flot impétueux ? Les clameurs, les huées auraient accueilli l'objection impériale.

D'un bout de la France à l'autre se serait élevé un cri de réprobation. On aurait accusé l'Empereur de se montrer peu soucieux de l'honneur du pays, de laisser abaisser le drapeau de la France qu'il avait mission de tenir haut et ferme.

Qu'on se rappelle l'affaire Pritchard.

Cette affaire, pourtant, n'avait qu'un médiocre intérêt. Elle est devenue le thême d'attaques qui, en déconsidérant le régime que l'on appelait *la paix à tout prix*, ont largement contribué à sa chute. Ainsi, Louis-Philippe est tombé pour n'avoir pas fait la guerre, et Napoléon III, pour l'avoir engagée sur l'injonction du pays !

Le maréchal Lebœuf avait déclaré au Sénat que nous étions *prêts, absolument prêts*. L'Empereur, paraît-il, ayant fait part de ses doutes au maréchal, celui-ci aurait répondu : « Sire, nous sommes prêts, mais à la condition d'entrer immédiatement en campagne pour ne pas donner à l'ennemi le temps de réunir ses forces. » Cette opinion pouvait avoir quelque apparence de fondement, mais déjà la Prusse nous avait devancés. En effet, dès le 16, ses troupes s'étaient mises en mouvement, et, le 2 août, elles étaient massées à notre frontière. La Prusse, comme on l'a dit, nous saisissait en « flagrant délit de formation. »

V

L'Empereur partit. « Confiant dans des armées qui avaient remporté de si glorieux succès en Crimée et en Italie, il n'était pas loin de penser qu'avec leur irrésistible élan, elles pourraient suppléer à bien des insuffisances. » [1] Ce qui paraît certain, c'est qu'il croyait à une première victoire qui favoriserait un soulèvement en Danemark, amènerait peut-être une défection d'une partie des États du Sud, violemment annexés, lui assurerait le concours de puissances voisines, [2] ou tout au moins, faciliterait des

(1) *Des causes qui ont amené la capitulation de Sédan*, ouvrage attribué à Napoléon III et composé par lui alors qu'il était prisonnier à Wilhemshohe.

(2) Les puissances voisines, sur lesquelles on croyait pouvoir compter, étaient l'Autriche et l'Italie. A ce sujet, nous trouvons les renseignements qui suivent, dans un ouvrage publié par M. Latour du Moulin, ancien député, sous ce titre: *Autorité et Liberté* :

« L'Autriche et l'Italie avaient-elles effectivement promis d'intervenir en notre faveur ? L'existence d'un traité secret entre ces deux puissances et le gouvernement impérial peut-elle être encore contestée? — Non. — La preuve matérielle en est impossible, il est vrai ; car pourquoi les traités seraient-ils secrets s'ils devaient être un jour divulgués suivant l'intérêt qu'aurait à leur publication l'une des parties contractantes.... Cependant, dans trois lettres remarquables, M. le duc de Gramont n'a pas hésité à établir qu'il avait pris, vis-à-vis de l'Autriche, toutes les précautions qu'exigeait la gravité de la situation.

. . . .

« A la suite de plusieurs conférences que M. le duc de

négociations et des arrangements honorables. Ses illusions ne furent pas de longue durée.

Nous ne suivrons point cette guerre dans ses péripéties navrantes et trop connues, hélas ! pour qu'il soit utile de les rappeler. Un contre quatre ou contre cinq, décimés par une artillerie nombreuse et formidable qui les frappait à des distances hors de portée de nos canons, nos soldats étaient écrasés.

Mais s'ils combattaient sans succès, ce n'était pas sans gloire et faisaient payer cher à l'ennemi les avantages qu'il remportait. Est-il besoin de rappeler Wissembourg, Reischoffen et Grave-

Gramont eut à Paris, au ministère des affaires étrangères, avec les agents, — les uns officiels, les autres officieux — du roi Victor-Emmanuel et de M. de Beust, on convint qu'au traité apparent de neutralité armée qu'allaient signer l'Autriche et l'Italie, serait annexé un article secret transformant ce traité en alliance offensive et défensive, ayant pour but une coopération effective en faveur de la France. L'Autriche s'engageait à laisser passer sur son territoire les troupes italiennes, qui marcheraient sur Munich, et à mettre en ligne deux cent mille hommes, d'abord et quarante mille hommes au commencement de septembre. Enfin, les hostilités devaient commencer à la suite d'une sommation faite à la Prusse de s'obliger à maintenir en Allemagne le *statu quo*, sur les bases intégrales du traité de Prague.

« Tout avait été parfaitement réglé au point de vue des alliances, car le Danemark de son côté n'attendait que la présence de nos vaisseaux pour se déclarer. Un corps de quinze mille hommes devait débarquer au sud du Jutland, du 15 au 20 août....

« Mais tout était subordonné au succès des premières opérations de l'armée française, puisque l'Autriche et l'Italie ne pouvaient pas entrer immédiatement en ligne... Les batailles de Wœrth et de Wissembourg, perdues par nous, dès le commencement du mois d'août, dégageant nos secrets alliés de toutes leurs promesses, nous laissèrent isolés en face de la Prusse. — Latour du Moulin. » — (*Autorité et Liberté*. Préface page XX et suivantes.)

lotte ? Les trois journées de Beaumont, Mouzon, Bazeilles et Sedan — (30, 31 août et 1ᵉʳ septembre) — coûtèrent plus de 30,000 hommes aux allemands.

Et, pendant que l'armée prodiguait son sang pour sauver la France, — chose triste à dire ! — des individus, se faisant les complices de l'étranger, provoquaient des mouvements insurrectionnels à Paris, à Lyon, à Marseille, à Saint-Etienne. Dans le pays, la révolution cherchait à paralyser la défense ; au Corps législatif, elle foudroyait le ministère de propositions radicales. N'a-t on pas vu plus haut que ce que l'opposition redoutait, c'était non la défaite. mais la victoire? Un journal étranger, la *Gazetta d'Italia* a constaté ce fait dans les termes suivants :

« Les républicains attendaient avec anxiété les nouvelles du théâtre de la guerre, tremblant d'apprendre quelque grande victoire de l'Empereur, alors que toutes leurs espérances reposaient sur sa défaite. »

Bref, de revers en revers, nous arrivâmes à la catastrophe de Sedan. On sait que, en ce moment, la guerre pouvait se terminer sans grand détriment pour le pays. Mais, pour implanter la République et assouvir en même temps leurs haines et leurs ambitions, des hommes, se faisant les auxiliaires de l'étranger, renversèrent l'Empire et creusèrent, sous les pas de la France, l'abîme où devaient s'engloutir son honneur, son sang et son argent.

Dans un chapitre précédent nous avons montré combien furent déplorables les conséquences qui découlèrent du renversement de l'Empire. Nous n'y reviendrons pas. Qu'on nous permette seulement une simple observation. Si un gouvernement devait être renversé chaque fois que le sort des armes lui est défavorable, aucune dynastie, en Europe, n'aurait échappé à cette jurisprudence révolutionnaire. Du reste, ce serait là une théorie anti-nationale, ainsi qu'il est facile de l'établir.

La Prusse, en 1807, l'Autriche, en 1809, furent réduites à un état bien pire que le nôtre ; mais, au plus fort de leurs désastres, la Prusse et l'Autriche conservèrent leur gouvernement régulier, et purent avec lui réparer leurs pertes et reprendre leur rang légitime en Europe.

Est-ce que, en 1855, l'empereur de Russie ne fut pas, lui aussi, battu ? Mais, grâce au dévouement et au patriotisme de ses sujets, sa puissance s'est bien vite refaite, et s'il est aujourd'hui plus grand que jamais, à quoi cela tient-il, sinon à ce que le peuple russe, au lieu de le renverser pour le punir de sa défaite, l'a aidé à relever les ruines et lui a permis de rétablir, à la faveur de la paix intérieure, ses finances et son armée ?

Plus récemment, est-ce que l'empereur d'Autriche n'a pas perdu deux terribles batailles : Solférino et Sadowa, et perdu, en outre, plus de provinces que nous ? Cependant, l'empire d'Autriche, reconstitué, grâce au patriotisme des populations, joue en ce moment un grand rôle dans le monde.

Où la Russie et l'Autriche, après de si cruelles

défaites, ont-elles donc puisé cette force qui oblige la Prusse, toute puissante qu'elle est, à compter avec elles ? Elles l'ont trouvée seulement dans le respect, le dévouement et la sagesse des peuples.

En France, une poignée de factieux a tout compromis. On sait où ils nous ont conduits, ces hommes qui se proclamaient gouvernement et s'improvisaient généraux, administrateurs, diplomates. Ils parlaient de relever le pays, et ils l'ont abaissé et mutilé ! Ils parlaient de défendre la patrie et ils ne défendaient que leurs places ! Incapacité, gaspillage, despotisme, voilà ce que fut leur administration. Quant à la direction qu'ils imprimèrent aux choses de la guerre, elle se résume en ce mot : insanité.

Tandis que l'invasion se répand et que l'ennemi porte la désolation sur une vaste portion de notre territoire, tandis que l'union est plus nécessaire que jamais, on met en suspicion la plupart de nos généraux [1], on prive de ses

(1) Le général Ambert fut arrêté à Paris, le général Monnet à Grenoble et le général Mazure à Lyon. « Ce n'est pas assez, — disait un journal, — que la moitié de nos généraux soient prisonniers de l'ennemi, il faut livrer ceux qui nous restent aux défiances de la révolution et aux haines de la démagogie. » Après la capitulation de Metz, Gambetta lança une proclamation qui excita la méfiance dans l'armée et le découragement parmi les chefs. M. le général d'Aurelles de Paladines a dit à ce propos :

« Ces proclamations, où l'on signalait aux soldats
« la trahison de leurs chefs, produisirent dans l'armée
« un effet déplorable et faillirent avoir les plus
« funestes conséquences. La discipline fut vivement
« ébranlée par une telle dénonciation faite à l'opinion
« publique, et, dans certains corps, des sous-officiers

armes le camp de Conlie, et l'on place nos malheureux soldats sous les ordres de Garibaldi et de Bordone. Et ces hommes, qui se disaient nos défenseurs, étaient-ils sur les champs de bataille ? Nullement « La guerre était partout, le sang coulait à flots, et pas un seul d'entre eux n'a donné une goutte de sang. [1] » M. Gambetta faisait, sur le chemin de fer d'Orléans, reculer son train devant quatre uhlans ; M. Gambetta quittait l'armée de la Loire la veille de la bataille ; M. Gambetta, allant à Lille, prenait le grand chemin tournant.

A ce système, nous avons dû subir, sept longs mois durant, l'occupation étrangère s'étendant comme une lèpre sur le pays.

Pendant ce temps, la faiblesse du gouvernement préparait la future insurrection de Paris, le drapeau rouge flottait à Lyon, et, à Toulouse, s'organisait la ligue séparatiste du Midi, ligue qui menaça un instant de briser l'unité nationale, ou, tout au moins, de créer un Etat dans l'Etat.

Nous sommes aux derniers jours de janvier. Paris a dévoré son dernier morceau de pain, il n'y a plus de ressources ; 15 à 1800 millions ont

« et des soldats mirent en délibération s'ils ne « s'affranchiraient pas de l'obéissance envers des « des chefs qui les trahissaient. »

Ainsi, les avocats qui tenaient dans leurs mains les destinées de la France, achevaient de détruire par l'indiscipline ce que l'ennemi avait déjà si fortement endommagé.

(1) Général Ambert. — *Histoire de la guerre de 1870-1871.*

été engloutis, des milliers de Français ont succombé. Tout est fini ! Il faut subir la dure loi du vainqueur.

VI

Il ne suffisait pas que la France eût été humiliée, vaincue, pillée et mutilée par l'étranger, il fallait encore que, avec l'explosion de la Commune, Paris, sa capitale, fût souillée par une série de crimes, qui ont constitué ce que l'on appelle « le plus grand forfait des temps modernes » Le sang des otages et l'incendie de nos monuments parlent encore trop haut pour qu'il soit besoin de rappeler ces souvenirs. Essayons, toutefois, d'expliquer ce grand forfait.

Le 4 septembre avait fait tomber le pouvoir aux mains du parti républicain. Celui-ci, ayant honneurs et places, était tout naturellement satisfait.

Un autre parti, — le parti communard, — qui, dans l'œuvre de démolition de l'Empire, avait été son auxiliaire, se trouvant exclu des emplois et de la direction des affaires [1], conçut un très-

---

[1] Le 31 octobre, au moment où l'Hôtel-de-Ville venait d'être envahi, le citoyen Maurice Jolly, se trouvant en face de M. Jules Ferry, l'interpella en ces termes : « Vous êtes des incapables ! » A quoi M. Ferry répondit :

« Vous nous trouvez incapables parce que nous

vif mécontentement et déclara au nouvel ordre de choses une guerre non moins acharnée qu'au gouvernement déchu.

Des clubs s'ouvrirent à Paris, et l'on vit les fruits secs de la nouvelle combinaison gouvernementale s'y livrer à des excitations haineuses et subversives.

« Le gouvernement nouveau, — dit la *Chronique du siége*, — fut bloqué avant la ville, par l'hostilité des clubs, par les exigences des partis avancés...

« Ainsi, ces hommes acclamés avec enthousiasme par le peuple ne gardèrent que quatre jours une popularité sans mélange.

« Tandis que les Prussiens nous enveloppaient avec la rapidité de l'orage, l'éloge des massacres de septembre 1792 et de Danton, l'apologie de Marat retentissaient dans les assemblées populaires qui réclamaient la constitution de la Commune terroriste. »

> « avons ici même refusé à vos obsessions les emplois
> « que vous êtes venu, successivement, solliciter du
> « gouvernement provisoire. »

Un journal, ayant raconté le lendemain cette scène, reçut du citoyen Maurice Jolly une lettre qui, tout en justifiant l'exactitude du fait, contenait cette déclaration :

> « Au lendemain du 4 septembre, *j'ai mis* le gouver-
> « nement provisoire *en demeure* de m'envoyer comme
> « commissaire du gouvernement dans les départe-
> « ments menacés de l'invasion ; et c'est pour avoir
> « refusé de le faire à mon égard, comme à l'égard de
> « tant d'autres républicains, qu'aujourd'hui la France
> « est à la veille d'expirer. »

Ainsi, le lendemain du renversement de l'Empire, les alliés se divisent et forment deux camps bien distincts : le camp de ceux qui ont des places et le camp de ceux qui n'en ont pas. De là cet antagonisme que l'on voit surgir. *Ote-toi de là que je m'y mette.* N'est-ce pas là le fond de toute la doctrine révolutionnaire ?

Le 3 et le 8 octobre, deux manifestations, dirigées, l'une par Flourens, et l'autre par Blanqui, se produisent en faveur de la Commune. Le gouvernement temporise plutôt qu'il ne résiste, et sa faiblesse accroît l'audace des acharnés que la révolution n'a point satisfaits. Il est tvrai que les membres de ce gouvernement se prouvaient en face de leurs complices du mois précédent. On doit comprendre leur embarras. Cependant, les appels à la révolte se succédaient et les honnêtes gens étaient en butte à de continuelles vexations. Paris glissait sur une pente fatale.

Le 30 octobre, la nouvelle que M. Thiers était chargé de négocier un armistice fut exploitée par les meneurs pour égarer l'opinion publique, et, les esprits étant surexcités, l'occasion parut favorable pour tenter un coup de main. Le 31, vers 11 heures du matin, l'Hôtel-de-Ville fut envahi par de nombreux détachements de la garde nationale et une tourbe d'émeutiers aux cris de : *Vive la Commune ! Pas d'armistice ! A bas Thiers ! A bas Trochu !* Les membres du gouvernement furent faits prisonniers, et quelques-uns, assez durement traités. Enfin, la Commune s'installa au milieu des cris et des vociférations les plus grossières. De petits papiers lancés par les fenêtres firent connaître les noms des nouveaux gouvernants, parmi lesquels figuraient MM. Félix Pyat, Ledru-Rollin, Millière, Louis Blanc, Victor Hugo, Delescluze.

L'état-major de la place Vendôme, apprenant la captivité du gouvernement, fit battre le rappel. Sept bataillons fidèles à l'ordre accoururent. En même temps, les mobiles de l'Indre et du Finistère, pénétrant par un souterrain dans les cours de l'Hôtel-de-Ville, chassaient les émeutiers et délivraient les membres du gouvernement, qui, pendant douze heures, étaient restés prisonniers de l'émeute.

A la suite de cette journée, le gouvernement appela le peuple à voter sur la question suivante :

« *La population de Paris maintient-elle*, « oui ou non, *les pouvoirs du gouvernement* « *de la défense nationale ?* »

Le scrutin donna 558,996 *oui* et seulement 62,638 *non*.

Fort de cet appui, le gouvernement ordonna des poursuites contre les chefs du mouvement insurrectionnel. Mais ces poursuites, entravées par des amis de la veille, n'aboutirent pas. La déposition, devant la Commission d'enquête, de M. Cresson, préfet de police, contient à ce sujet les détails que voici :

« Quand nous avions livré à la justice les principaux coupables, on les relâchait, et nous sentions très bien que *le parquet entravait notre action* plutôt qu'il ne la secondait. Tous les hommes du 31 octobre furent mis en liberté ou jouirent de permis de communiquer, qui rendaient les recherches illusoires ; *ils étaient couverts par leurs relations antérieures avec certains membres du gouvernement de la défense.* »

M. Cresson déclare qu'il demanda *quatre*

fois l'arrestation de Delescluze. Il finit par l'obtenir le 22 janvier. Mais Delescluze était à peine incarcéré depuis quatre jours qu'une ordonnance de non-lieu le rendait à la liberté.

Y eut-il jamais plus d'imprévoyance unie à plus de faiblesse ? Faut-il donc s'étonner de ce qui est arrivé ?

Le 22 janvier, nouvelle équipée révolutionnaire. Mais le général Vinoy, qui venait de remplacer le général Trochu, avait pris ses dispositions, et quand les émeutiers, partis de Belleville, débouchèrent sur la place de l'Hôtel-de-Ville, ils furent accueillis par une fusillade bien nourrie, qui provoqua un sauve-qui-peut général. Deux journaux, coupables d'excitation à la guerre civile, furent supprimés, et tous les clubs fermés.

L'émeute avait été terrassée, mais non abattue. Quelques semaines après, elle relevait la tête, et, le 18 mars, elle triomphait, grâce à l'impuissance dans laquelle se trouvait le gouvernement, par suite du désarmement de la garde mobile et de l'armée. Au moment de l'armistice, M. de Bismark avait proposé le désarmement de la garde nationale ou celui de l'armée. M. Jules Favre se prononça pour le désarmement de l'armée, conservant à une population. animée de sentiments haineux et subversifs, des armes qui, désormais inutiles contre l'étranger, devaient être dangereuses pour le repos public. L'avènement de la Commune ne l'a que trop prouvé. Aussi. faut-il regarder M. Jules Favre comme responsable de cette guerre civile, la plus terrible que nous ayons eue. N'a-t-il pas, en réalité, fait la Commune en laissant des armes au pouvoir de l'émeute, c'est-à-dire aux mains de bataillons recrutés dans les quartiers excentriques de Paris ? Mais reprenons notre récit.

Des meneurs, exploitant l'irritation causée par l'armistice et la conclusion de la paix qu'ils représentaient comme une trahison, excitaient le mécontentement et entretenaient l'agitation au sein de la population parisienne.

Le 24 février, à l'occasion de l'anniversaire de la révolution de 1848, des manifestations avaient lieu à la Bastille. Ces manifestations se continuèrent les jours suivants.

Le jour de l'entrée des Prussiens à Paris, des individus avaient transporté, sur les hauteurs de Montmartre, des canons et des mitrailleuses qui avaient été déposés au parc de la place de Wagram. Dès ce jour, Montmartre était devenu le quartier-général de l'émeute, un camp retranché où s'étaient fortifiés Belleville et la Villette et d'où le canon était tiré deux fois par nuit. On espéra d'abord que cette comédie se terminerait par la lassitude des acteurs, mais, en présence de leur ténacité, le gouvernement résolut de mettre fin à ces démonstrations, qui étaient un danger et une menace pour le repos public, un obstacle au retour de la confiance et à la reprise des affaires.

Dans la nuit du 17 au 18, des troupes furent envoyées pour surprendre les insurgés et leur enlever leurs canons. L'opération échoua, et les généraux Lecomte et Clément Thomas, reconnus et arrêtés dans la cohue, furent conduits devant un comité, et, peu de temps après, fusillés.

La nuit suivante, l'Hôtel-de-Ville et les ministères étaient occupés par l'insurrection. Le lendemain, le gouvernement, désespérant de trouver un appui dans la garde nationale qui n'avait point répondu à son appel, se retirait à Versailles, où l'armée se concentrait sous le commandement du général Vinoy. En même temps, le *Journal officiel* publiait une note dans laquelle on lisait :

« Le gouvernement n'a pas voulu engager une action sanglante alors qu'il y était provoqué par la résistance inattendue du comité central de la garde nationale. Cette résistance, habilement organisée, dirigée par des conspirateurs audacieux autant que perfides, s'est traduite par l'invasion d'un flot de gardes nationaux sans armes et de population se jetant sur les soldats, rompant leurs rangs et leur arrachant leurs armes. Entraînés par ces coupables excitations, beaucoup de militaires ont oublié leur devoir. Vainement aussi la garde nationale avait elle été convoquée ; pendant toute la journée elle n'a paru sur le terrain qu'en nombre insignifiant. »

Quelques jours après, le gouvernement fit une dernière tentative pour arracher Paris aux étreintes de l'insurrection. Dans ce but, il nomma l'amiral Saisset au commandement de la garde nationale. Celui-ci essaya vainement de grouper les hommes d'ordre ; vainement il fit des concessions. Se voyant peu soutenu, il se retira.

Dès ce moment, le désarroi fut complet, et pendant deux mois, Paris subit le joug de malandrins, s'imposant par la terreur, rétablissant la loi des suspects, supprimant les journaux, pillant les caisses publiques, profanant les églises, méconnaissant tous les droits, foulant aux pieds toutes les libertés, promenant le meurtre et l'incendie, couvrant Paris de ruines et déshonorant la France par des cruautés dignes de sauvages.

Les événements, dont la capitale était le théâtre, eurent leur contre-coup en province où des émissaires furent envoyés pour provoquer un soulèvement. Dans quelques centres populeux, notamment à Lyon, Saint-Etienne, Marseille et Toulouse, la Commune essaya de s'implanter, mais son règne y fut de courte durée.

Des manifestations insurrectionnelles eurent lieu dans quelques autres villes, mais sans caractère sérieux et surtout sans conséquences fâcheuses.

Le plan d'insurger les grandes villes avait donc complètement échoué, et la Commune de Paris, dans son isolement, restait aux prises avec l'armée de Versailles qui, quelques semaines plus tard, le 28 mai, triomphait de sa résistance et mettait fin à ses crimes.

Mais avant, que d'atrocités commises ! La spoliation, le pillage, le despotisme le plus féroce régnaient sans conteste. L'anarchie était partout, dans la rue et dans le gouvernement. Les dictateurs de l'Hôtel-de-Ville se soupçonnaient, s'accusaient, se destituaient et même se faisaient réciproquement arrêter. L'esprit de fureur et de vertige, qui s'était emparé de ces hommes, augmentait au fur et à mesure que leur pouvoir déclinait. Le 6 mai, ils ordonnaient la destruction de la Chapelle expiatoire ; le 11, la démolition de la maison Thiers ; et, le 16, ils abattaient la colonne Vendôme, la colonne, monument élevé à la gloire des armées françaises, avec le bronze d'Austerlitz, d'Iéna et de Wagram ! [1] Enfin, avant de disparaître, les tristes héros de la Commune tinrent à se signaler par des actes de cruauté et de vandalisme dont l'histoire n'offre pas d'exemple.

Le 23 mai, un des rédacteurs du *Siècle*, M. Chaudey, était fusillé à Ste-Pélagie.

Le 24, on procédait dans l'intérieur de la prison

[1] Le renversement de la colonne Vendôme fut l'objet de l'ordre du jour suivant, que le maréchal de Mac-Mahon adressa à l'armée de Versailles, placée sous son commandement supérieur :

« Soldats !

« La colonne Vendôme vient de tomber.
« L'étranger l'avait respectée. La Commune de Paris l'a ren-
« versée. Des hommes qui se disent Français ont osé détruire,
« sous les yeux des Allemands qui nous observent, ce témoin
« de la gloire de vos pères contre l'Europe coalisée.
« Espéraient-ils, les auteurs indignes de cet attentat à la
« gloire nationale, effacer la mémoire des vertus militaires
« dont ce monument était le glorieux symbole ?
« Soldats ! Si les souvenirs que la colonne nous rappelait ne
« sont plus gravés sur l'airain, ils resteront du moins vivants
« dans nos cœurs, et, nous inspirant d'eux, nous saurons
« donner à la France un nouveau gage de bravoure, de dévoû-
« ment et de patriotisme.

« Maréchal de MAC-MAHON,

« Duc de Magenta. »

de la Roquette, au massacre des otages. De ce nombre étaient Mgr Darboy, archevêque de Paris, M. l'abbé Deguerry, curé de la Madeleine, M. Bonjean, sénateur, etc., etc.

Le 25, avait lieu l'assassinat des dominicains d'Arcueil ;

Le 26, rue Haxo, le meurtre de 47 prêtres et gendarmes.

Le 27, le commandant Ségoyer, du 26e bataillon de chasseurs à pied, s'étant trop avancé, fut pris près de la Bastille, enduit de pétrole et brûlé vif.

Tandis que coulait le sang des victimes, les Tuileries, le Louvre, le Palais-Royal, la Légion d'Honneur, la Cour des Comptes, l'Hôtel-de-Ville, la Préfecture de police, le Palais de Justice, le Conseil d'Etat, etc., etc., étaient livrés aux flammes !...

Enfin, les troupes de Versailles entraient dans Paris, et, le 28 mai au soir, la capitale était délivrée des barbares !

Les fédérés ou soldats de la Commune étaient vaincus. 25,000 d'entre eux étaient faits prisonniers. Quant aux chefs, ils avaient presque tous disparu. C'est bien là l'éternelle histoire de nos révolutions. D'un côté, les habiles ; de l'autre, les dupes. Ceux-ci servent de marche-pied à ceux-là. Les uns se tiennent à l'écart ou se cachent pendant l'action ; en cas de succès, ils ont le gain de la bataille ; en cas de revers, ils s'esquivent. Aux autres, les coups de feu, les pontons et les conseils de guerre.

Plusieurs fédérés furent passés par les armes, — car, il y eut de terribles représailles ; — le plus grand nombre est allé, sur les pontons ou dans la Nouvelle-Calédonie, subir le châtiment que leur réservaient nos lois pénales.

Ainsi a fini ce drame qui, commencé au lendemain du 4 septembre, se terminait, huit mois plus tard, dans le sang et dans les flammes.

Hommes du 4 septembre, en renversant le gouvernement régulier du pays, vous avez déblayé la route devant l'ennemi vainqueur. L'Empire pouvait faire la paix ; l'Empire pouvait conserver à la France l'Alsace et la Lorraine, et, à leurs familles, cent mille jeunes gens tombés dans cette guerre impossible. Mais l'Empire était un obstacle à vos convoitises et à vos ambitions. Et vous avez détruit l'Empire, et, par suite, livré à l'envahisseur la France désarmée, désorganisée, abattue, isolée. Notre argent et nos provinces sont devenus la proie de l'étranger et, sous ses yeux, la portion la plus ardente d'entre vous a couronné l'œuvre par le pillage, par le massacre et par l'incendie. Qu'est-ce, en effet, que la Commune, sinon la fille du 4 septembre ? Est-ce que l'une ne procède pas de l'autre ? Pleurez, M. Jules Favre, pleurez, vous ne verserez jamais assez de larmes pour effacer tout le mal que vous et les vôtres avez fait au pays.

L'EMPIRE ET LA COMMUNE.

Les partis hostiles à l'Empire ont employé, pour le discréditer, les moyens les plus vils et les plus odieux ; il sont même allés jusqu'à l'absurde. C'est ainsi qu'ils accusent l'Empire d'avoir été l'allié ou le complice de la Commune [1]. En d'autres termes, les communards n'auraient été que des bonapartistes déguisés. Telle est la fable monstrueuse que l'on essaie de faire accroire aux naïfs.

Mais, quels étaient donc les héros de la Commune ? C'étaient des gens célèbres par la guerre acharnée qu'ils avaient faite à l'Empire, et qui expiaient, dans les prisons ou hors du territoire, des crimes ou des attentats commis sous l'Empire, lorsque le 4 septembre est venu délivrer les uns et rappeler les autres [2]. En province,

---

[1] Tandis que l'on accuse l'Empire d'avoir fomenté la Commune, M. Raspail, dans son Almanach populaire, édition de 1874, en rend responsables « les jésuites » qui déjà avaient organisé « la Terreur de 1793. » De part et d'autre c'est insensé.

[2] Sauf trois ou quatre exceptions, tous les hommes qui ont joué un rôle et marqué dans les troubles de la Commune étaient hors du territoire ou bien sous les verroux lorsque l'Empire est tombé : Eudes, Mégy, Rochefort, Vermorel, Paschal Grousset, Dambrowski, Gromier, Malon, Pindy, Murat, Johannard, Avrial, Langevin, Millière, Passedouet, Héligon, Theisz, Casse, Franckel étaient en prison ; Ranc, Delescluse et Maroteau étaient en Belgique ; Félix Pyat, en Angleterre ; Cluseret, en Amérique.

étaient-ce les bonapartistes qui étaient les coryphées de la Commune ? Etaient-ce les bonapartistes qui tenaient des conciliabules ou faisaient des motions dans les clubs ? Non. C'étaient les républicains ardents, les purs d'entre les purs. Etait-ce la presse bonapartiste qui, chaque jour, s'écriait : « Faisons la Commune ? » Pas davantage . C'étaient encore des organes républicains — et des plus accrédités — qui jetaient ces appels au vent de la publicité. Que devient maintenant l'accusation portée contre les Bonapartistes ?

Poursuivons.

Dans les 40,000 procès, instructions et jugements auxquels la Commune a donné lieu, pas un seul fait ne s'est produit devant la justice ou devant les tribunaux militaires qui ait fourni à cette invention l'apparence même d'un prétexte.

D'ailleurs, que l'on ouvre le *Journal officiel* de la Commune et l'on verra comment l'Empire y est traité.

Dans le numéro du 23 mars, Blanqui flétrit « le gouvernement pourri qui vient de tomber à Sedan. » Le 24 mars, une note officielle signale « de nombreux agents bonapartistes faisant des distributions d'argent pour détourner les habitants de leurs devoirs civiques. » Le 5 avril, Millière, le fameux Millière, déclare que le gouvernement de Versailles fait attaquer la population de Paris « par les anciens policiers de l'Empire. » Le 20 avril, le *Journal officiel* se plaint amèrement d'un journal « bonapartiste » le *Nord* qui « continue son système de dénigrement contre la Commune et les Parisiens. » A la veille de l'entrée des troupes à Paris, le 18 mai, une représentation soi-disant de bienfaisance est organisée aux Tuileries, et, à cette occasion, on lit dans le numéro du 20 : « La citoyenne Camille André a obtenu un brillant succès dans les *Abeilles*, de Victor Hugo, et Fernand Désaulnée a été vivement applaudi dans *sois maudit, Bonaparte!* et autres pièces dont il est l'auteur. » En un mot, toujours des excitations haineuses contre l'Empire, et pas une attaque contre le citoyen Gambetta. Ah ! c'est que l'on hait le premier parce qu'on le redoute, et que l'on ménage le second parce qu'il est un ami.

Ce simple rapprochement ne suffit-il pas pour faire briller à tous les regards, ce qu'il y a d'inique dans les insinuations auxquelles on s'est livré vis-à-vis de l'Empire ?

Les auteurs des incendies et des massacres de Paris, ce sont les auxiliaires du 4 septembre, en d'autres termes, les tristes héros du 18 mars [1].

En faut-il la preuve ?

Le 20 mai, Delescluze, aux acclamations de la Commune, déclarait en style théâtral que, s'il fallait mourir, *on ferait à la liberté des funérailles dignes d'elle.* Au jour de la défaite, l'intraitable jacobin expédiait cet ordre : *Incendiez le quartier de la Bourse, ne craignez rien,*

---

(1) Le 4 septembre, en rendant la liberté aux hommes qui, le 18 mars, ont installé la Commune de Paris, s'est rendu solidaire et responsable de leurs crimes.

tandis que Théophile Ferré écrivait : *Faites flamber finances !*

Dans une lettre que, sous la date du 17 février 1870, Cluseret adressait de New-York à Varlin, lettre qui a été publiée lors du procès de Blois, on lisait :

« Ce jour là (le jour de la révolution) nous devons être prêts physiquement et moralement. Ce jour-là, nous ou le néant ! Jusque-là, je resterai tranquille probablement ; mais ce jour-là, je vous l'affirme, et je ne dis jamais oui pour non, *Paris sera à nous ou Paris n'existera plus.* Ce sera le moment décisif pour l'avènement du peuple. »

L'avocat impérial, faisant la lecture de cette lettre au tribunal, ajoutait : « Lorsqu'on connaît l'homme dont émanent ces lignes, on ne peut les considérer tout-à-fait comme une vaine forfanterie. »

On ne peut accuser l'Empire d'indulgence pour ceux qui devaient être les héros de la Commune. Il les poursuivit à outrance, saisit les fils de leurs complots, et, tant qu'il fut debout, il les réduisit à l'impuissance.

Certes, nous n'avions pas besoin de réhabiliter l'Empire ; mais il fallait montrer une fois de plus l'audace et l'impudence de certains hommes, dont l'arme habituelle est le mensonge et la calomnie.

INVASIONS ÉTRANGÈRES

Des hommes, exploitant un fait matériel en l'isolant des circonstances qui lui donnent sa véritable signification, se sont écriés : L'Empire, c'est l'invasion. Et leurs coryphées ont répété : L'Empire, c'est l'invasion.

L'invasion est un fléau que tous les peuples ont subi [1], et auquel la France n'a point échappé. Parmi celles que notre pays eut à supporter, il y en eut qui furent des plus désastreuses et qui, même, réduisirent le territoire à de minimes proportions. [2] Ceci constaté, revenons à l'Empire.

L'Empire, il est vrai, a succombé deux fois sous l'invasion étrangère. Mais, comment est venu l'étranger ? Telle est la question à résoudre ; car, tout le débat est là.

D'abord, le premier Empire trouva la France

(1) Rome a été prise et brûlée par les Gaulois ; l'Italie a été occupée seize ans par l'armée d'Annibal ; la Grèce, l'Asie, l'Egypte ont été conquises ; les Gaules, l'Espagne devinrent la proie des Romains. Dans les temps modernes, nos armées sont entrées à Madrid, à Lisbonne, à Berlin, à Vienne, à Moscou.

(2) Au XVᵉ siècle, après la bataille d'Azincourt, la France avait perdu Paris, Rouen, Reims et ses plus riches provinces ; dans le cours des deux générations suivantes, elle délivra son territoire.

aux prises avec l'Europe féodale, qui s'était coalisée pour venir chez nous, détruire les idées de progrès et les grands principes issus de la Révolution de 89. Napoléon brisa la coalition, une première fois à Léoben, une seconde fois à Marengo, une troisième fois à Austerlitz. Croyant la France abattue par la funeste campagne de 1812 (Moscou), la Prusse, la Russie, l'Angleterre, puis l'Autriche, se liguèrent de nouveau contre nous. La lutte recommença (1813), lutte qui ne fut pas sans éclat pour nos armes, mais qui, la trahison aidant, se termina par l'occupation de Paris et l'abdication de l'Empereur (6 avril 1814). [1]

Le gouvernement des Bourbons s'était relevé à l'abri des baïonnettes étrangères. [2] Par ses

(1) L'acte d'abdication de Napoléon est ainsi conçu :

> « Les puissances alliées ayant proclamé que l'em-
> « reur Napoléon était le seul obstacle au rétablissement
> « de la paix en Europe, l'empereur Napoléon, fidèle à
> « ses serments, déclare qu'il renonce pour lui et ses
> « héritiers aux trônes de France et d'Italie, parce
> « qu'il n'est aucun sacrifice personnel, même celui
> « de la vie, qu'il ne soit prêt à faire à l'intérêt per-
> « sonnel de la France.

Dans ses adieux à sa vieille garde, l'Empereur disait :

> « Avec des hommes tels que vous, notre cause
> « n'était pas perdue ! Mais la guerre était intermi-
> « nable ; c'eût été la guerre civile, et la France en fût
> « devenue plus malheureuse. J'ai donc sacrifié mes
> « intérêts à ceux de la patrie. Je pars ! Vous, mes
> « amis, continuez de servir la France. Son bonheur
> « était mon unique pensée ; il sera toujours l'objet de
> « mes vœux. »

(2) Au lendemain de la Révolution de 1789, les princes de la maison de Bourbon passèrent à l'étranger, suivis par un grand nombre de personnes. Coblentz devint le quartier-général des

prétentions surannées, par ses procédés iniques et vexatoires, ce gouvernement provoqua un tel mécontentement que, quelques mois plus tard, la France se montrait impatiente de secouer le joug qu'il faisait peser sur elle. Informé de ce qui se passait et apprenant en même temps que les puissances méditaient le projet de le transporter sous le climat meurtrier des Açores,

émigrés, qui nouèrent des relations avec les puissances hostiles à la Révolution et qui, le 17 février 1792 et le 30 juillet suivant, pénétrèrent en France à la suite des armées coalisées. Ils formèrent trois corps ; celui de Condé, pour opérer en Alsace ; celui des princes, destiné à entrer par la Lorraine avec les Prussiens et à marcher sur Paris ; enfin, celui du prince de Bourbon pour agir dans les provinces du Nord. Ainsi commença cette guerre gigantesque, qui s'est prolongée un quart de siècle et a changé la face de l'Europe. Nous n'avons pas à en retracer ici les péripéties, mais on sait que la fortune nous abandonnait, quand le général Bonaparte rappela la victoire sous nos drapeaux. Non-seulement les Bourbons émigrés implorèrent le secours de nos ennemis, mais ils provoquèrent encore un mouvement insurrectionnel en Vendée et firent même appel à la trahison. Ah ! c'est une triste légende que celle qui va de Coblentz à Waterloo, des trahisons de Dumouriez, de Pichegru, de Moreau à la trahison de Bourmont. Enfin, en 1814 et en 1815, les princes de la maison de Bourbon revinrent à la suite des armées coalisées.

Lorsque, le 12 avril 1814, le comte d'Artois (Charles X) fit son entrée à Paris, son cortége, — dit M. de Vaulabelle, — se terminait par « une nombreuse troupe de cavaliers cosaques formant la véritable escorte du prince. »

Le 21 avril 1814, Louis XVIII se proclamait à Londres l'obligé de l'Angleterre et lui attribuait une large part dans le rétablissement du trône des Bourbons. Louis XVIII avait raison. « L'Angleterre, — dit M. Thiers, — avait toujours poursuivi le rétablissement des Bourbons, comme ce qui la vengeait le plus complètement de Napoléon et de la Révolution française. »

Après Waterloo, le 25 juin 1815, Louis XVIII écrivait de Cateau-Cambrésis : « AUJOURD'HUI QUE LES PUISSANTS EFFORTS DE NOS « ALLIÉS ONT DISSIPÉ LES SATELLITES DU TYRAN — (c'est-à-dire les soldats de la France commandés par Napoléon), — NOUS NOUS « HATONS DE RENTRER DANS NOS ÉTATS. »

Et nunc erudimini.

Napoléon quittait l'île d'Elbe, et, le 1ᵉʳ mars 1815, débarquait au golfe Juan. A cette nouvelle, la France tressaillit de joie et d'espoir, et l'Aigle, reprenant son essor, « vola, sans s'arrêter, de clocher en clocher, jusqu'aux tours de Notre-Dame. » Les populations des villes et des campagnes accouraient sur le passage de l'Empereur, qui, au milieu des acclamations de tout un peuple, arrivait le 20 mars à Paris.

A son débarquement, l'Empereur avait adressé à l'armée une proclamation dans laquelle on lit :

« Soldats ! dans mon exil, j'ai entendu votre voix, « je suis arrivé à travers tous les obstacles et tous « les périls.

« Votre général appelé au trône par le vœu du « peuple et élevé sur vos pavois, vous est rendu : venez « le rejoindre.

« Arrachez ces couleurs que la nation a proscrites, « et qui, pendant vingt-cinq ans, servirent de rallie-« ment à tous les ennemis de la France. Arborez cette « cocarde tricolore que vous portiez dans nos grandes « journées...

« Reprenez ces aigles que vous aviez à Ulm, à « Austerlitz, à Iéna, à Eylau, à Friedland, à Tudéla, « à Eckmühl, à Essling, à Wagram, à Smolensk, à la « Moskowa, à Lutzen, à Wurtschen, à Montmirail !...

« NAPOLÉON. »

Dans sa proclamation au peuple, l'Empereur disait :

. . . .

. . . .

« FRANÇAIS !

« Elevé au trône par votre choix, tout ce qui a été « fait sans vous est illégitime. Depuis vingt-cinq ans,

« la France a de nouveaux intérêts, de nouvelles
« institutions, une nouvelle gloire qui ne peuvent
« être garantis que par un gouvernement national, et
« et par une dynastie née dans ces nouvelles circons-
« tances...

« Dans mon exil, j'ai entendu vos plaintes et vos
« vœux... J'ai traversé les mers, au milieu des périls
« de toute espèce ; j'arrive parmi vous reprendre mes
« droits qui sont les vôtres.

« Tout ce que des individus ont fait, écrit ou dit
« depuis la prise de Paris, je l'ignorerai toujours ; cela
« n'influera en rien sur le souvenir que je conserve
« des services importants qu'ils ont rendus ; car, il
« est des évènements d'une telle nature, qu'ils sont
« au-dessus de l'organisation humaine...

« NAPOLÉON. »

Le lendemain de son entrée à Paris, Napoléon
passait au Carrousel la revue des troupes, et,
de sa voix vibrante, prononçait une allocution,
dont il importe de reproduire les passages
suivants :

« SOLDATS !

« Je suis venu avec huit cents hommes en France,
« parce que je comptais sur l'amour du peuple et sur
« la mémoire de l'armée. Je n'ai pas été trompé dans
« mon attente. Soldats, je vous en remercie ! La gloire
« de ce que nous venons d'accomplir est toute au
« peuple et à vous. La mienne, à moi, c'est de vous
« avoir connus et devinés... Le trône des Bourbons
« était illégitime, parce que renversé par la nation il
« y a vingt ans, il n'avait été relevé que par des
« mains étrangères, parce qu'il n'offrait de garantie
« qu'à une minorité arrogante, dont les prétentions
« étaient contraires à vos droits. Le trône impérial peut
« seul garantir les intérêts de la nation. »

D'un autre côté, pour affirmer à la face de

l'Europe ses dispositions pacifiques, l'Empereur écrivait aux souverains, le 4 avril, une lettre, tout à la fois pleine de dignité et de modération, dont voici la teneur presque intégrale :

» Monsieur mon frère, vous avez appris, dans le « cours du mois dernier, mon retour sur les côtes de « France, mon entrée à Paris et la retraite des Bour- « bons. La véritable nature de ces événements doit « être connue maintenant de Votre Majesté. Ils sont « l'ouvrage d'une irrésistible puissance, l'ouvrage de « la volonté unanime d'une grande nation qui connaît « ses devoirs et ses droits. La dynastie que la force « avait rendue au peuple français n'était plus faite « pour lui : les Bourbons n'ont voulu s'associer ni à « ses sentiments, ni à ses mœurs ; la France a dû se « se séparer d'eux. Sa voix appelait un libérateur : « l'attente qui m'avait décidé au plus grand des « sacrifices avait été trompée. Je suis venu, et du point « où j'ai touché le rivage, l'amour de mes peuples m'a « porté jusqu'au sein de ma capitale.

« Le premier besoin de mon cœur est de payer tant « d'affection par le maintien d'une honorable tran- « quillité. Le rétablissement du trône impérial était « nécessaire au bonheur des Français. Ma plus douce « pensée est de le rendre en même temps utile à l'affer- « missement du repos de l'Europe.

« Assez de gloire a illustré tour à tour les drapeaux « des diverses nations : les vicissitudes du sort ont « assez fait succéder de grands revers à de grands « succès. Une plus belle arène est aujourd'hui ouverte « aux souverains, et je suis le premier à y descendre. « Après avoir présenté au monde le spectacle de grands « combats, il sera plus doux de ne connaître désor- « mais d'autre rivalité que celle des avantages de la « paix, d'autre lutte que la lutte sainte de la félicité « des peuples.

« La France se plaît à proclamer avec franchise ce « noble but de tous ses vœux...   « NAPOLÉON. »

L'Empereur voulait la paix et il y conviait l'Europe entière. Sa voix ne fut point entendue. Ah ! c'est que les Bourbons ne restaient point inactifs.

A l'instigation de M. de Talleyrand, représentant de Louis XVIII, l'Angleterre, l'Autriche, la Prusse et la Russie, réunies au congrès de Vienne, avaient signé, dès le 25 mars, un traité qui avait un double but: le renversement de Napoléon et le rétablissement des Bourbons.

Lord Wellington, plénipotentiaire anglais, avait signé ce traité sans y être autorisé par son gouvernement. Il faut dire ici qu'un revirement en faveur de la France et de Napoléon s'était opéré de l'autre côté de la Manche. On y regardait Napoléon comme animé de dispositions pacifiques. La France, disait-on, voulait, demandait la paix ; il semblait dès lors impossible que le gouvernement consentît à sacrifier les trésors de l'Angleterre et le sang de ses soldats, uniquement pour obliger un peuple étranger à subir le joug de princes qu'il avait chassés, et dont la querelle n'intéressait qu'eux-mêmes et leurs partisans.

» L'émigration française accourue à Londres, cherchait, — dit M. Thiers, — à combattre ces dispositions chez les ministres britanniques. Le duc de Feltre, envoyé par Louis XVIII, leur avait communiqué non-seulement les notions qu'il devait à une longue pratique de l'administration impériale, mais les documents les plus nouveaux, les plus positifs, qu'il s'était procurés au moyen de ces récentes fonctions ministérielles. Il s'était attaché à les rassurer sur le danger de la guerre, en leur prouvant que la France, lorsqu'il avait quitté Paris, le 19 mars, n'avait pas 180 mille hommes sous les armes, qu'elle n'aurait pas pu en réunir 50 mille sur un même point, et que Napoléon, avec toute l'activité imaginable, ne parviendrait pas à en amener plus de 100 mille sur un champ de bataille, les places et l'intérieur étant pourvus. A ces raisons s'ajoutèrent les promesses de certains royalistes de l'Ouest, affirmant que moyennant quelques ressources en matériel, débarquées sur les côtes de la Bretagne et de la Vendée, les paysans de ces contrées se lèveraient comme autrefois, et opèreraient une sérieuse diversion, que dès lors les forces de Napoléon seraient divisées et beaucoup moins à craindre. De tout cela on concluait qu'au prix d'un effort vigoureux, et surtout prompt, Napoléon pouvait être renversé, et chaque puissance rassurée sur la possession des avantages conquis en 1814. Les ministres anglais en étaient à peser ces raisons pour et contre, lorsqu'ils apprirent que, sans les consulter, lord Wellington les avait engagés de nouveau dans la coalition, et la crainte de rompre l'union européenne, la condescendance à l'égard du négociateur britannique..., décidèrent la question dans le sens de la guerre. »

La conduite des Bourbons et de leurs partisans, dévoilant l'état de nos forces et suscitant des ennemis à la France, cette conduite anti-patriotique, anti-nationale, ne saurait être flagellée trop énergiquement, et, depuis longtemps, l'opinion publique l'a justement flétrie.

« A Gand, où s'était rendu Louis XVIII, se trouvait, — dit encore M. Thiers, — un foyer de passions déraisonnables. On y disait couramment que l'armée française était composée de brigands dont il fallait se défaire. » (1)

(1) Thiers. — *Histoire du Consulat et de l'Empire.*

Quel langage !

Est-il besoin d'ajouter que la lettre de l'Empereur aux souverains fut mal accueillie. Les puissances, coalisées, arrêtèrent la formation de trois armées et se disposèrent à marcher sur Paris. L'Empereur et le pays se mirent en mesure de soutenir la guerre, que l'on déclarait à la France au mépris de ses droits et de sa liberté.

Le 1ᵉʳ juin, à la réunion du *Champ de Mai*, Napoléon fit entendre ses paroles :

« Empereur, consul, soldat, je tiens tout du peuple.
« Dans la prospérité, dans l'adversité, sur le champ
« de bataille, au conseil, sur le trône, dans l'exil, la
« France a été l'objet unique et constant de mes pen-
« sées et de mes actions

« Français ! en traversant, au milieu de l'allégresse
« publique, les diverses provinces de l'Empire, j'ai dû
« compter sur une longue paix... Ma pensée se portait
« alors tout entière sur les moyens de fonder notre
« liberté par une constitution conforme à la volonté et
« à l'intérêt du peuple...

« Je n'ai pas tardé à apprendre que les princes qui
« ont méconnu tous les principes, froissé l'opinion et
« les plus chers intérêts de tant de peuples, veulent
« nous faire la guerre.

« Il a fallu s'y préparer.

« Devant courir personnellement les hasards des
« combats, ma première sollicitude a dû être de cons-
« tituer sans retard la nation...

« Français ! vous allez retourner dans vos départe-
« ments. Dites aux citoyens que les rois étrangers,
« que j'ai élevés sur le trône ou qui me doivent la
« conservation de leur couronne, qui, tous, au temps
« de ma prospérité, ont brigué mon alliance et la
« protection du peuple français, dirigent aujourd'hui
« leurs coups contre ma personne. Si je ne voyais que

« c'est à la patrie qu'ils en veulent, je mettrais à leur
« merci cette existence contre laquelle ils se montrent
« si acharnés... »

A quelques jours de là, le 12 juin, Napoléon quitta Paris pour aller prendre le commandement de l'armée. Il avait non-seulement à combattre un ennemi en face, mais aussi à déjouer des machinations. La trahison et l'étranger se liguaient de nouveau contre la France. En effet, dès le 15 mai, une insurrection éclatait en Vendée, et, pour la circonscrire, l'Empereur avait dû détacher 20,000 hommes de l'armée du Rhin.

Ces 20,000 hommes, — dit M. Thiers, — allaient lui manquer sur un champ de bataille où ils auraient pu décider de la victoire. C'était un immense malheur, sans autre profit pour les royalistes que de servir un peu leur cause et de ruiner celle de la France à Waterloo ! (1) »

Dans le Midi, notamment à Toulouse et à Marseille, des hommes audacieux prêchaient ouvertement l'insurrection ; l'Empereur dut prendre des mesures énergiques, qui eurent également pour effet d'affaiblir nos forces.

Le 15 juin, la lutte s'engageait, lutte terrible, dont les débuts furent d'un heureux présage, mais qui, hélas ! devait aboutir, pour la France, à la catastrophe de Waterloo (18 juin 1815) — (2)

____

(1) Thiers. — *Histoire du Consulat et de l'Empire.*

(2) 18 juin 1815 ! « Journée incompréhensible ! concours de fatalités inouïes! a dit Napoléon. Y a-t-il eu trahison ? N'y a-t-il eu que du malheur ? Et pourtant, tout ce qui tenait à l'habileté avait été accompli ! Singulière campagne, où j'ai vu trois fois

— et pour l'Empereur, à la captivité de Ste-Hélène !

Quant à Louis XVIII, il ressaisissait de nouveau le pouvoir avec l'aide des coalisés, c'est-à-dire, des ennemis de la patrie. Aussi, écrivait-il de Cateau-Cambrésis le 25 juin 1815 : « *Aujour-* « *d'hui que les puissants efforts de nos alliés* « *ont dissipé les satellites du tyran, nous nous* *hâtons de rentrer dans nos États.* » Ces satellites ! c'étaient nos soldats, c'était la France en armes pour défendre son territoire, ses droits, son indépendance !

Résumons-nous :

Qui ameuta l'Europe contre la France ? La Révolution.

Qui provoqua l'invasion ? Les Bourbons. N'est-ce pas le parti royaliste qui a noué toutes les coalitions ? N'est-ce pas lui qui était dans les rangs des Prussiens, des Russes et des Anglais ?

Qui, à la tête des armées françaises, repoussa l'invasion et brisa par trois fois la coalition européenne ? Le grand capitaine qui devait être successivement le général Bonaparte, puis l'Empereur Napoléon.

Que l'on conclue maintenant.

s'échapper de mes mains le triomphe assuré de la France ! Sans la désertion d'un traître, j'anéantissais mes ennemis en ouvrant la campagne ; je les écrasais à Ligny si la gauche eût fait son devoir ; je les écrasais à Waterloo si ma droite ne m'eût pas manqué. Singulière défaite, où, malgré la plus horrible catastrophe, la gloire du vaincu n'a pas souffert, ni celle du vainqueur augmenté. La mémoire de l'un survivra à sa destruction ; la mémoire de l'autre s'ensevelira peut-être dans son triomphe ! »

On va chercher l'étranger, et c'est nous que l'on accuse de l'avoir amené, nous qui l'avons combattu, qui l'avons repoussé, et qui, malheureusement, avons fini par succomber sous le bras que l'on avait suscité et dirigé contre la France !.. O bonne foi, ô loyauté, qu'êtes-vous devenues ?

Une coalition rompue, une autre se formait, car, c'était une guerre acharnée entre l'Europe féodale et la France moderne. Or, la France moderne, c'était l'Empire.

Aussi, le coup qui frappait l'Empire, atteignait la France. Car la France et l'Empire ne formaient qu'une seule et même chose ; l'un n'a jamais été frappé sans que l'autre ait été atteinte dans sa grandeur, dans sa gloire, dans ses intérêts ou dans sa liberté.

« Napoléon, — dit M. Norvins, — a péri parce que les vieilles monarchies, de tout temps jalouses de la France, trouvèrent en rompant tout-à-coup les traités et les alliances qu'elles avaient sollicités du vainqueur, l'occasion de détruire à la fois Napoléon, la Révolution française qui l'avait produit et la France telle qu'il l'avait constituée, c'est-à-dire la première puissance du monde... » (1)

Armand Carrel exprimait la même vérité quand il écrivait :

« Malheureux avec nous et comme nous, non par sa faute, ni par la fortune, mais condamné par la marche des choses, Napoléon mourut à quatre mille lieues de son pays, implacablement et lentement

____

(1) De Norvins. — *Histoire de Napoléon.*

supplicié par les rois de l'Europe, en haine de notre Révolution qui les avait tant de fois accablés par son bras. »

On se demande quelquefois pourquoi le nom de Napoléon demeure sympathique aux cœurs comme aux imaginations populaires, en dépit des attaques et des calomnies par lesquelles on essaie de le ternir et de le rendre exécrable. La raison en est bien simple.

« Si le nom de Napoléon est resté populaire, a dit un journal, c'est que pour le peuple, qui réfléchit plus qu'on ne le croit généralement, Napoléon personnifie la suppression de tout un passé d'oppressions. La seule autorité de Napoléon a assuré les conquêtes de la Révolution. Si la gloire militaire est pour beaucoup dans la légende, elle n'est pas tant qu'on le croit dans la reconnaissance du peuple ; Napoléon, c'est la possession assurée de la terre ; c'est le droit pour chacun d'être et de se sentir citoyen.

« Le bon sens populaire ne se trompe pas du reste, car sans Napoléon, où en seraient toutes ces réformes qui ont fait la France démocratique et prospère (1) ?

---

(1) Avant **89**, qu'étaient nos pères ? Roturiers, vilains et manants, pauvres gens, *taillables et corvéables à merci*, ils étaient attachés à la glèbe comme de vils troupeaux. La *dîme* leur enlevait une partie de leurs récoltes ; la corvée les arrachait à leur travaux pour réparer les murs du château, creuser les fossés, battre l'étang, etc. Les seigneurs, possesseurs des plus riches propriétés, étaient exempts des tailles et des autres impôts qui pesaient exclusivement sur les roturiers... Les vassaux usaient leur vie à travailler pour un maître quelquefois humain, le plus souvent dur et orgueilleux, se croyant sous sa cotte de mailles d'une nature supérieure aux vilains et les foulant dédaigneusement à ses pieds. Aux états généraux et provinciaux, devant les tribunaux, dans l'armée et jusque dans les ordres sacrés régnait l'inégalité la plus révoltante. Ajoutons que ces seigneurs, toujours hautains et souvent fort durs, avaient, pour la plupart, droit de basse, moyenne et haute justice, c'est-à-dire *droit de vie et de mort* !

Quand il y a quelque quatre-vingts ans, les colères populaires, faisant explosion, ont brisé et anéanti les priviléges, les gouvernements d'Europe menacés se sont donné la main pour venir, comme on disait alors, rétablir le *bon ordre* en France, et il faut en convenir, peu s'en est fallu. Or, si en 1795 ou 96, l'invasion avait pu triompher comme elle l'a fait en 1815, on aurait inévitablement remis *les choses en place*, et cette seule pensée fait encore frémir le pays, qui sait ce que cela veut dire.

« En 1815, cela n'était plus possible ; une société nouvelle s'était créée et assise, c'eût été une entreprise chimérique que d'essayer de détruire cette société égalitaire qui avait pris corps dans le code Napoléon... L'égalité devant le sol comme devant la loi, conquise par la Révolution, avait été faite irrévocable par Bonaparte. »

Le peuple se rend compte de tout cela. Et voilà pourquoi il conserve religieusement au fond de son cœur, le souvenir impérissable de Napoléon.

Quant au second Empire, on sait comment il fut, malgré lui, entraîné à la guerre. Personne, en effet, n'ignore que si l'Empereur avait pu suivre ses seules inspirations, la guerre de 1870 n'aurait pas eu lieu ou qu'elle aurait tourné à notre avantage, parce que, dès 1868, nous aurions été forts ; que, même en supposant les premières défaites, l'armée de Châlons serait revenue sur Paris, ce qui nous eût évité Sedan ; [1] enfin, que, sans le 4 septembre, l'Em-

---

(1) Dans sa déposition devant la commission d'enquête (séance du 9 septembre 1871), M. le Maréchal de Mac-Mahon a fait la déclaration suivante : « A Reims et au Chêne-Populeux, l'EMPE-

pire aurait conclu la paix moyennant une simple indemnité pécuniaire (800 millions) et que c'est le gouvernement du 4 septembre qui a coûté à la France *cinq milliards* et la *perte de l'Alsace et de la Lorraine.*

Sans doute, on ne peut dire du parti républicain ce que l'on a dit du parti royaliste : qu'il était allé à l'étranger chercher des ennemis à la patrie. Mais s'il n'a pas conduit le prussien à travers nos provinces, il a, du moins, frayé le chemin à l'invasion et assuré son triomphe, en renversant le gouvernement et créant une situation, qui devait nous aliéner l'Europe monarchique et nous priver de son concours.

Le gouffre s'entr'ouvrait ; l'Empire allait le fermer. Les hommes du 4 septembre ont jeté bas l'Empire ; ils ont élargi le gouffre et y ont précipité la France. Ils sont donc responsables des malheurs et des désastres que nous avons subis.

La guerre de 1870 n'était point, comme celles de la République et du premier Empire, une guerre de principes ou de dynastie ; elle était une guerre que la Prusse suscitait pour son intérêt personnel.

Que voulait-elle ? Reconstituer l'Empire d'Allemagne, c'est-à-dire créer à nos portes un vaste Etat qui serait un danger. Qui pouvait s'opposer à l'exécution de ce projet ? la France. Donc, il fallait réduire la France à l'impuissance.

« REUR ÉTAIT D'AVIS DE REPORTER L'ARMÉE SUR PARIS, C'EST MOI
« QUI AI PRESCRIT LE MOUVEMENT. »

Le second Empire s'est donc trouvé engagé dans une guerre pour défendre l'honneur et la sécurité du pays. Qui oserait l'en blâmer ?

On sait, maintenant, comment et pourquoi est venu l'étranger. L'Empire n'a point amené l'invasion ; il l'aurait, au contraire, arrêtée ou repoussée, si des manœuvres, tramées à l'intérieur, n'avaient entravé et paralysé ses efforts. L'Empire qui avait replacé la France à la tête des nations et lui avait donné vingt années de grandeur et de prospérité, l'Empire est allé se briser contre les écueils parlementaires. La leçon a été rude, mais elle ne sera point perdue. L'Empire, ce n'est donc point l'invasion ; c'est la France défendant, une première fois, ses droits et sa liberté contre l'Europe féodale, et, une seconde fois, son honneur et sa sécurité contre les entreprises d'une nation voisine. Les désastres, que nous avons éprouvés, ne lui sont point imputables ; ils retombent de tout leur poids sur ceux qui furent les auxiliaires ou les complices de l'ennemi.

L'EMPIRE ET LA RELIGION.

Lorsque, le 1ᵉʳ décembre 1852, les députations du Sénat et du Corps Législatif allèrent à Saint-Cloud porter au Prince-Président les résultats du plébiscite, qui rétablissait la dignité impériale, celui qui devait être Napoléon III leur dit :

« Aidez-moi à asseoir, sur cette terre bouleversée « par tant de révolutions, un gouvernement stable « qui ait pour base la religion, la justice, la probité « et l'amour des classes souffrantes. »

Ce programme, l'Empereur s'est efforcé de le réaliser, et l'on peut dire qu'au premier rang de ses préoccupations ont constamment figuré le respect et la défense de la religion.

Quand Louis-Napoléon arriva au pouvoir, la révolution s'était installée à Rome et en avait chassé le Pape. Malgré l'opposition qu'il rencontra et qui, en 1849, faillit susciter un mouvement insurrectionnel, par lequel il pouvait être renversé, le Prince-Président ramena Pie IX dans la ville éternelle, et, pendant vingt années, l'épée de la France à la main, il défendit le trône du Saint-Père.

Tant que l'Empire fut debout, l'autorité du Pape fut respectée. L'Empire détruit, le pouvoir papal succomba. Du premier au dernier jour, l'Empereur a été le champion de la Papauté. C'est lui qui la rétablit à Rome, lui qui la soutient et la protége, et, lorsque son bras vient à lui manquer, elle s'écroule de nouveau.

Nous venons de dire que l'Empereur a été le champion de la Papauté. Pour être juste, nous devons ajouter qu'il en est resté le *seul* champion, car, depuis la chute de l'Empire, Pie IX, relégué au Vatican, appelle vainement l'Europe à son aide. Cependant, durant la guerre de 1870, alors que toutes les forces de la Prusse étaient dirigées contre la France, l'Autriche, dont on invoque souvent le nom, avait une belle occasion, pour montrer, sans courir aucun danger sérieux, qu'elle était la fille très-chrétienne de l'Eglise. Pourquoi n'a-t-elle pas saisi cette occasion ?

On dit que tout le mal vient de la guerre d'Italie. Mais, avant cette guerre, Pie IX avait déjà dû se réfugier à Gaëte. Qui lui porta secours ? Le Prince-Président. Admettons, néanmoins, que la guerre d'Italie ait contribué à ébranler le pouvoir du Saint-Siége. Quelle fut la cause de cette guerre et qui doit en assumer la responsabilité ? Un simple exposé des faits va nous l'apprendre.

II

A la réception du 1er janvier 1859, l'Empereur

ayant fait allusion à des difficultés, inopinément survenues entre l'Autriche et la France, des bruits de guerre se répandirent, et, pour y mettre un terme, le gouvernement fit insérer au *Moniteur* du 7 mars une note pacifique, dont voici quelques passages :

« L'Empereur n'a rien à cacher, rien à désavouer,
« l'intérêt français seul inspire sa politique... En face
« des inquiétudes, mal fondées, nous aimons à le croire,
« qui ont ému les esprits en Piémont, l'Empereur a
« promis au roi de Sardaigne *de le défendre contre*
« *tout acte agressif de l'Autriche*... Il n'a promis rien
« de plus et l'on sait qu'il tiendra parole. »

L'Europe, néanmoins, s'émut et l'un des personnages les plus éminents de la Grande-Bretagne, lord Cowley, se rendit à Saint-Pétersbourg, à Vienne et à Berlin, porteur de propositions qui avaient pour objet la réunion d'un congrès, au sein duquel serait provoqué un désarmement général.

La France, la Russie, la Prusse et le Piémont donnèrent leur assentiment. L'Autriche le refusa et même elle exigea que le Piémont désarmât d'abord sans aucune réciprocité de sa part.

Devant une prétention aussi exorbitante, le congrès devait échouer ; il échoua.

On était alors aux premiers jours d'avril 1859. Le 22, l'Angleterre formula de nouvelles propositions.

Le *Moniteur* fit connaître ces propositions et annonça en même temps que la France, la

Prusse et la Russie les acceptaient. Quant à l'Autriche, elle opposa un nouveau refus !

Le 25, le général Benedeck envoya un *ultimatum* à Victor Emmanuel, lui déclarant qu'il commencerait les hostilités si, dans le délai de trois jours, il n'avait pas désarmé. Le roi de Piémont ne pouvait se soumettre à une pareille injonction ; il refusa, et, le 27, les armées autrichiennes, passant le Tessin, s'emparèrent de Novarre et de Verceil, puis elles se disposaient à marcher sur Turin, quand l'arrivée des troupes françaises vint modérer leur ardeur et leur faire rebrousser chemin.

C'est donc l'Autriche qui a voulu la guerre, et c'est la France qui a dû tirer l'épée, non-seulement pour secourir un allié, mais encore pour défendre sa propre cause. Car, maîtresse de la Péninsule, l'Autriche venait s'installer à nos frontières, ce qui était une menace et un danger pour notre sécurité.

L'Empereur s'était mis à la tête des troupes. Montebello, Palestro, Turbigo, Magenta, Marignan et Solférino furent les étapes glorieuses que parcourut notre armée, marchant de victoire en victoire, sans éprouver ni revers, ni échec !

Après Solférino, qui devait clore si dignement cette campagne mémorable, l'Empereur offrit la paix au vaincu. Les conditions étaient honorables ; l'empereur d'Autriche les accepta. Ces conditions firent l'objet du traité de Villafranca, dont voici les bases :

1º L'Italie organisée en fédération sous la présidence du Pape ;

2º Le Piémont agrandi de la Lombardie ;

3º Le roi de Naples maintenu sur son trône ;

4º Le grand duc de Toscane formant, avec les autres princes du centre de l'Italie, un point d'appui pour le maintien de la suprématie romaine, une barrière entre le nord et le midi.

Une confédération présidée par le Pape ! La vieille monarchie offrit-elle jamais au Souverain Pontife un pareil piedestal ? La cour de Rome refusa, cependant, de se prêter à un arrangement si digne et si avantageux. Elle y mit pour condition que l'armée française ferait rentrer sous sa loi Bologne et les Romagnes, qui avaient déclaré rompu le pacte qui les unissait au Saint-Siége.C'était vouloir l'impossible... Le projet de l'Empereur était déjoué et la guerre allait avoir des conséquences diamétralement opposées à ses vues. En un mot, elle tourna mal. Mais à qui la faute ?

En Toscane, les esprits enflammés par l'idée de l'unité italienne, sacrifièrent à cette perspective le gouvernement paternel de leur archiduc. D'un autre côté, la révolution envahit le royaume de Naples. Plus tard, elle essaya de pénétrer dans les Etats Romains. Mais l'armée de la France lui barra le passage. Si des événements plus forts que sa volonté, ne permirent pas à l'Empereur de préserver de toute atteinte le pouvoir temporel, il sut tracer, du moins, une infranchissable limite.

En 1860, après la défaite des troupes du

Pape à Castelfidardo, l'Empereur protestait avec éclat contre l'attitude du gouvernement italien en rappelant de Turin son ambassadeur, et, en même temps, renforçait dans Rome le corps d'occupation.

Plus tard, il signa avec le roi d'Italie la fameuse convention dite du 15 septembre par laquelle ce dernier, lorsque serait arrivée l'époque de l'évacuation de Rome par les troupes françaises, s'engageait à respecter et à faire respecter les frontières pontificales actuelles, la France se réservant formellement sa liberté d'action pour le cas où l'Italie n'exécuterait pas fidèlement les termes de la convention.

En 1867, dès que les bandes de Garibaldi envahirent de nouveau le territoire romain, l'Empereur envoya au secours du Pape un corps d'armée qui, dans la journée de Mentana[1], dispersa les hordes du solitaire de Caprera.

---

(1) Au lendemain de l'affaire de Mentana, le St-Père s'empressa de donner au gouvernement français des témoignages publics de sa reconnaissance et, dans un consistoire tenu peu de jours après, S. S. prononça les paroles suivantes :

> « Vous n'ignorez pas que le très-puissant Empereur
> « de la noble et généreuse nation française, considé-
> « rant nos très grands dangers, *a envoyé ses vaillants*
> « *soldats*, qui, ainsi que leurs illustres aïeux, et avec
> « un zèle et une ardeur extrêmes, notamment aux
> « combats de Mentana et de Monte-Rontondo, se sont
> « réjouis de porter secours à nos soldats, de lutter
> « courageusement dans leurs rangs, et de braver la
> « mort pour la défense de ce St-Siége, couvrant ainsi
> « leur nom de gloire. »

Le 1er janvier suivant, recevant le général de Failly, le Souverain-Pontife renouvela en ces termes l'expression de sa gratitude :

> « J'ai déjà manifesté au monde dans le dernier

Quelques jours après, au Corps législatif, M. Rouher déclarait, au nom du gouvernement, que *jamais* l'Empire n'abandonnerait la cause du Pape, et, comme sanction de cette promesse, les soldats de la France restaient à Rome pour défendre le chef de la Catholicité. Certes, le *jamais* de M. Rouher n'aurait pas reçu de démenti sans le renversement de l'Empire par la coalition de la Prusse et de l'émeute.

Quand éclata la guerre de 1870, l'Empereur fut obligé de faire revenir momentanément nos troupes d'occupation, mais il fit en même temps savoir, d'une manière formelle, au roi d'Italie, qu'il continuait à l'égard de la cour de Rome la politique de protection suivie jusque-là [1].

Mais, vint le 4 septembre ! L'Empire étant tombé, l'Italie lacéra les conventions et déposséda le Pape ; en d'autres termes, la révolution, que l'Empereur avait domptée, se trouvant libre, reprit son œuvre. Aussi, un des écrivains de la

« consistoire, les sentiments que j'éprouve à l'égard
« de la noble et généreuse France, de sa vaillante
« armée et de son Souverain. Cependant je me plais
« à remercier ici de nouveau la nation très-chrétienne,
« qui m'a témoigné et me témoigne encore une solli-
« citude si filiale, cette armée qui est accourue avec
« tant d'empressement à mon secours *et le souverain*
« *qui l'a envoyé.* Oui, je bénis la France, son armée
« et son Empereur. »

Ceci se passait après la guerre d'Italie. Si l'ingratitude est un vice trop fréquent, du moins, il ne se rencontre pas dans la grande âme de Pie IX.

(1) Voir l'important ouvrage publié sur la diplomatie pendant la guerre franco-allemande par M. Albert Sorel.

presse catholique, M. Georges Seigneur, a justement apprécié les faits quand il a dit :

« Il faut imputer aux révolutionnaires du 4 septembre la situation douloureuse dans laquelle en ce moment gémit le Souverain Pontife. En détrônant l'Empereur, ils ont détrôné le Pape. »

III

On vient de voir que l'Empereur a constamment pris en main la défense du St-Siége. Cependant, de connivence avec le parti royaliste (1), qui, dans un intérêt de spéculation politique,

(1) M. Paul de Cassagnac, dans sa brochure intitulée *la Revanche du Scrutin*, fait tenir au candidat bonapartiste le langage suivant, qu'il n'est pas hors de propos de reproduire ici :

« ... Je trouve bizarre la prétention qu'a le parti royaliste d'accaparer Dieu et la religion.

« Il n'y a pas bien longtemps que cette prétention injustifiable existe, et la tradition royale la réduit à sa juste valeur.

« C'est un ancêtre du comte de Chambord, ce roi impie qui fit souffleter le pape Boniface VIII par son émissaire Sciarra Colonna.

« C'est un ancêtre du comte de Chambord, celui qui déclara irrévérencieusement, en jurant *ventre-saint-gris!* que Paris valait bien une messe.

« C'est un ancêtre du comte de Chambord, ce Louis XIV qui exigea du pape Alexandre VII des excuses publiques et humiliantes.

« Et il est par trop grotesque de faire du débauché Louis XV, du sceptique et incrédule Louis XVIII, les représentants exclusifs d'une religion à laquelle ils croyaient si peu.

« L'Empire, lui, parle moins, et il agit davantage.

« Voyez Napoléon Ier. Il rouvre les églises, rétablit le culte et honore le clergé, après dix années d'une persécution sauvage.

« Voyez Napoléon III. Ses bienfaits se sont étendus sur tout ce qui regarde la religion ; et demandez à vos curés s'il existe dénigre systématiquement l'Empire, des membres du clergé représentent Napoléon III comme le persécuteur de la Papauté. Il en même qui font retentir la chaire de diatribes violentes. Que Dieu leur pardonne tout le mal qu'ils causent à la religion, en la rabaissant au niveau des passions humaines! Nous comprenons la douleur du clergé, nous la respectons et la partageons; mais quelque légitime que soit cette douleur, il ne faudrait pas qu'elle le rendît non-seulement injuste, mais encore ingrat.

Ah! que nous sommes loin des temps où, même après la guerre d'Italie, éclataient les témoignages de reconnaissance et de dévouement.

En 1861, le cardinal Billet, faisant allusion à Castelfidardo, attribuait hautement à Napoléon III la préservation de ce qui restait des Etats pontificaux.

Mgr de La Tour d'Auvergne, archevêque de Bourges, écrivait, le 16 janvier 1865, aux prêtres et fidèles de son diocèse, pour les rassurer sur le sort de la Papauté :

« ... Le bras qui a ramené le Pape à Rome, il y a quinze ans, n'a rien perdu de sa vigueur... Le Souverain qui a fait tomber les barrières de l'extrême

une seule église, un seul presbytère, où la munificence impériale ne soit tombée en pluie d'or ?

« Et tant qu'il fut debout, le Pape fut debout aussi ; le 4 septembre frappa du même coup les Tuileries et le Vatican ; c'est la même révolution qui précipita le Pape et l'Empereur !

« Et ils ont menti, ceux qui voudraient séparer l'Empire de la catholicité, en les présentant comme deux ennemis. »

Orient devant les missionnaires de l'Evangile, qui a replacé la croix sur les édifices de Pékin, qui, chaque jour, sur le sol de notre France, restaure nos écoles, nos presbytères, nos églises, et tâche, avec une sollicitude qui nous touche au cœur, d'améliorer la position matérielle de nos prêtres, ne peut abandonner les antiques traditions de la France...»

Mgr Ramadié, évêque de Perpignan, s'exprimait ainsi dans sa lettre du 6 mai 1865 :

« *Sujets catholiques de Napoléon III*, n'en oublions pas les importants services : la religion, pas plus que la patrie, n'a le droit de se montrer ingrate. »

Au mois d'août 1867, l'évêque d'Arras, recevant dans sa cathédrale, l'Empereur, l'Impératrice et le Prince Impérial, prononçait ces belles paroles :

« ... L'évêque et ses prêtres comprennent et savent remplir avec fidélité les devoirs imposés par la religion, dont ils sont ministres, à l'égard de ceux que *Dieu prépose au gouvernement des peuples*. Ils sont heureux de pouvoir en donner aujourd'hui un *éclatant témoignage*, lorsque, entourant Vos Majestées prosternées dans le sanctuaire, ils sollicitent pour Elles les bénédictions les plus abondantes.

« Ces bénédictions, Sire, Madame, nous les demanderons aussi non moins abondantes pour le *Prince Impérial. Le clergé n'oublie pas qu'il est le filleul de Pie IX et il s'en réjouit*, parce qu'il sait que les prières que cette paternité inspire au vicaire de Jésus Christ seront le gage le plus assuré de la protection dont le Ciel couvrira cet enfant pour le *bonheur* de la France. »

Dans un élan prophétique, le vénérable évêque de Poitiers disait en 1863 :

« Ce n'est pas pour un petit dessein que Dieu a fait

naître l'Enfant Impérial et lui a donné le Saint Père pour parrain... Après d'effroyables malheurs, la France cherchera un refuge et elle le trouvera dans le filleul de Pie IX. »

Personne ne peut mettre en doute la sincérité de ces sentiments ni contester les faits sur lesquels ils s'appuient.

Non, on ne peut avoir perdu le souvenir de tout ce que Napoléon III a fait pour le Catholicisme et pour le Souverain Pontife, ce que, d'ailleurs, le parti révolutionnaire lui reproche chaque jour en l'accablant d'épithètes injurieuses. Son nom, — le nom de Napoléon III, — nous le savons, est encore vénéré dans bien des presbytères, où l'on n'a oublié ni un don, ni un bienfait, ni une bonne action. Du reste, ne confondons point le clergé avec quelques fanatiques se faisant les missionnaires de la royauté plutôt que ceux de la religion. Le clergé, dans son ensemble, est resté ce qu'il a toujours été : digne, dévoué, animé de l'esprit de paix et de concorde.

Sous l'Empire, la religion était respectée, honorée, et les subsides de l'Etat ou les fonds de la cassette impériale pourvoyaient largement aux besoins et aux splendeurs du culte [1].

____

(1) De 1852 à 1870, plus de 75 millions ont été consacrés à des édifices diocésains ou paroissiaux, et, sur ces 75 millions, 31 ont été répartis entre 15.500 communes ! Quatorze séminaires ont été construits. Bref, le budget des cultes qui, en 1851, n'était que de 42,500.000 fr., s'élevait en 1849, à 53,600,000 fr. D'un autre côté, l'Empereur appelait les cardinaux au Sénat, l'archevêque de Paris au Conseil privé, rouvrait Ste-Geneviève, rétablissait les aumôneries de la flotte et de l'armée, faisait célébrer

L'Empire est religieux, mais il n'est pas clérical, c'est-à-dire qu'il n'entend pas subordonner le pouvoir civil au pouvoir ecclésiastique. Sa maxime est celle-ci : le curé à l'église ; le maire à la mairie. Certaines gens voudraient sans doute qu'il en fût autrement. L'Empire ne leur donnerait pas cette satisfaction. *Cuique suum* : à chacun ce qui lui revient.

Le 16 mars 1874, dans l'église Sainte-Marie de Chislehurst, où repose Napoléon, un modeste curé de village, qui avait été l'ami du souverain exilé et son confesseur, peu d'instants avant sa mort, M. l'abbé Goddard, prononçait un discours, dont le passage suivant doit être rapporté :

« Napoléon III, mes frères, fut Empereur
« chrétien, protecteur et défenseur de cette
« grande Eglise catholique, dont je suis le plus
« humble ministre, et dont l'honneur m'est plus
« cher que la vie... C'est lui qui, pendant de
« longues années, arrêta le torrent de la révo-
« lution ; et si, à la fin, l'Eglise a souffert, elle
« a souffert malgré lui et contre sa volonté. »

L'histoire ratifiera ce jugement. Oui, Napoléon III fut Empereur chrétien, protecteur et défenseur du Catholicisme.

---

la messe dans les camps, prêcher le carême aux Tuileries, protégeait les missionnaires comme aucun gouvernement ne l'avait fait avant lui.

LA CORRUPTION.

Un des thêmes favoris des adversaires de l'Empire est de le représenter comme ayant été un régime de *corruption*.

« Si *corrompre* un peuple c'est l'*enrichir*, — a dit un publiciste, — jamais il n'y eut de plus grand corrupteur que Napoléon III.

« Par contre, si *moraliser* un pays, c'est l'*appauvrir*, il est impossible de trouver un gouvernement plus moral que celui du 4 septembre, excepté celui de la Commune, qui en était du reste, la conséquence logique.

« Pendant les neuf mois qu'ont duré ces deux gouvernement modèles, la ruine, la misère, la désolation de la France sont arrivées au comble...»

Oui, l'Empire a comblé le pays de richesses, mais n'est-ce pas le devoir d'un bon gouvernement de rendre la nation opulente et prospère?

« Tout gouvernement doit la richesse à son peuple, seulement c'est au peuple à faire l'usage le plus utile et le plus convenable de cette richesse acquise. Si les uns sont assez peu raisonnables pour la dépenser en folles jouissances et en voluptés énervantes, cela les regarde et n'empêche pas les autres de la consacrer à une épargne fructueuse. Vous, cultivateurs, commerçants, industriels et propriétaires, qui avez augmenté votre patrimoine, acquis l'aisance ou la fortune, donné à vos enfants une meilleure éducation, vous trouvez-vous plus corrompus parce que vous êtes plus à l'aise?

« A notre époque de progrès et de civilisation independante, chacun se corrompt suivant ses vices particuliers et le gouvernement n'est pour rien, qu'il s'appelle monarchie ou même république, dans les désordres qui ne relèvent que de l'infirmité humaine (1).

D'ailleurs, il ne faut pas remonter bien haut dans notre histoire pour trouver une licence de mœurs semblable, sinon plus grande encore.

Que dirons-nous de la Société de la Régence, de Louis XV et même de Louis XVI, qui donnait cependant, on ne peut le nier, l'exemple de toutes les vertus domestiques (2) ?

Si nous arrivons à l'austère république de 93, c'est bien autre chose. L'impudique déesse Raison et les *athéniennes* qui se promenaient à peu près nues, sous leurs robes de gaze, étaient-elles des exemples de vertu et de pudeur ?

(1) Ces lignes sont extraites presque textuellement de la brochure de M. Paul de Cassagnac : *La Revanche du Scrutin.*

(2) Ce sont surtout les royalistes qui fulminent contre les mœurs de l'Empire Cette accusation est vraiment singulière de la part de ceux qui élevèrent jadis la Du Barry jusqu'à la hauteur du trône de France. Ont-ils donc oublié qu'Henri IV eut cinq bâtards connus et que Louis XIV en eut douze? La régence et le règne de Louis XV forment la partie la plus honteuse de l'histoire de France · c'est le déchaînement de la dissolution la plus infâme. Le roi prêchait d'exemple, et les jeunes gentilshommes s'escrimaient galamment sous un reverbère en l'honneur d'une danseuse infidèle. « Les maîtresses de Louis XIV, dit M. Albert Delpit, avaient au moins de la dignité; celles de Louis XV coûtent plus cher au pays, et apportent sur le trône leur langage de filles et leurs habitudes de casernes. Un caprice de Madame de Pompadour change les ministres et disgracie les généraux ; si bien que le maréchal de Broglie est obligé de quitter son armée victorieuse pour qu'elle puisse être commandée par le duc de Soubise, qui la fera détruire. » Il y a des gens ne voient du présent que ses vices, du passé que ses vertus. Il faut bien les rappeler à la vérité, quelque dure qu'elle soit.

Et les soupers de Barras ? Etait-ce donc une école de mœurs dont les enseignements devaient régénérer la société corrompue du XVIIIe siècle ?

Sous le premier Empire, les préoccupations constantes de la guerre étrangère, mirent un frein momentané à la licence des époques passées ; mais la Restauration, avec la paix et le calme intérieur, eut bien vite ramené cette corruption mondaine qui, des hautes classes, s'était répandue parmi le peuple et la bourgeoisie. Tout le monde sait par cœur les études immortelles de Balzac sur les débordements de la société qui précéda 1830.

Et nous-mêmes, n'avons-nous pas été témoins des dernières années du règne de Louis-Philippe ? La société de 1846 valait-elle mieux que celle de nos jours ? Nous ne le pensons pas.

Croit-on que la moralité publique s'est beaucoup accrue depuis le 4 septembre. Qu'on jette les regards autour de soi et que l'on prononce !

Voici maintenant ce que nous apprend la statistique :

Depuis 1851 jusqu'à la fin de l'Empire les crimes ont diminué de 39 %, et les délits de 20 %. Aujourd'hui, les prisons de l'Etat contiennent dix mille pensionnaires de plus ! La progression dans le mal est devenue telle qu'il a fallu augmenter les moyens de répression. Ainsi, la police de Lyon coûtait, avant le 4 septembre, 500,000 fr.; elle coûte aujourd'hui 1,200,000 fr. La police de Paris coûtait 14 millions ; elle en coûte 20. La *Garde de Paris* coûtait 4,500,000 fr.; la *Garde républicaine*, plus nombreuse, en coûte 6. Enfin, le service des prisons n'exigeait que 14 millions; il en exige 20. Encore faut-il faire observer que nous avons perdu deux provinces. Que l'on juge maintenant !

Où est le remède à ce mal social ? Dans la religion, qui condamne la luxure, fait de la modestie une vertu, enseigne le Décalogue et montre que rien n'échappe à l'œil de Dieu, qui, dans un autre monde, récompense les bonnes actions et punit les mauvaises. Où est-il encore ? Dans l'instruction, qui, en éclairant les hommes, doit les rendre meilleurs.

La religion ! On a vu plus haut que l'Empereur s'était attaché à faciliter son action.

L'instruction ! Est-que l'Empire l'a négligée ? Il a augmenté de dix mille le nombre des écoles, de onze cent mille le nombre de leurs élèves, de un million le nombre des admissions gratuites.

Résumons-nous. L'Empire a amélioré le sort du peuple, et, ce faisant, il a activé le progrès matériel. C'était son devoir. Mais en même temps, il a favorisé tout ce qui pouvait développer le progrès moral et intellectuel. Il a donc accompli sa double tâche, et, comme nous l'avons dit plus haut avec un écrivain que nous aimons à citer : « Le gouvernement n'est pour rien, qu'il s'appelle monarchie ou même république, dans les désordres qui ne relèvent que de l'infirmité humaine. »

CANDIDATURES OFFICIELLES.

Pendant vingt ans, les organes de l'opposition ont-ils assez déblatéré contre les candidatures officielles, et, aujourd'hui encore, le moindre orateur d'estaminet, de club ou de réunion privée en fait le sujet de ses diatribes contre l'Empire. Et cependant, les candidatures officielles, — ou intervention du gouvernement dans les élections, — ont été pratiquées sous tous les régimes, sans en excepter celui de la république. La république est même allée au-delà de qu'on fait les autres gouvernements ; elle a procédé non-seulement par la pression, par l'intimidation, mais encore par l'ostracisme.

Est-il besoin de rappeler ce qui se passait sous la Restauration et sous le gouvernement de Juillet ? C'était le beau temps des influences censitaires, et l'on vit, sous Louis-Philippe, la corruption électorale s'étendre sur le pays comme une lèpre immonde. Le droit de vote était le privilége de quelques gros contribuables, dont le gouvernement d'alors cherchait à gagner les suffrages par des complaisances ou des promesses. Que de honteux trafics eurent lieu à cette époque ! Bureaux de tabac, bureaux de postes, emplois et faveurs ; tels étaient les moyens mis en jeu. Actuellement, tout le monde étant électeur et comme on ne peut donner des places à tout le monde, il en résulte que corrompre le corps électoral, est devenu chose impossible. Ainsi, sous la Restauration et sous Louis-Philippe, le gouvernement intervenait dans les élections, mais il agissait dans l'ombre et le mystère.

La scène politique change en 1848. Les prétendus défenseurs de toutes nos libertés et surtout de la liberté électorale, arrivent au pouvoir. Que font-ils ? Leur premier acte est d'exercer une pression sur les électeurs et de leur imposer des candidats agréables. Qu'est-ce que cela, sinon l'épanouissement des candidatures officielles ?

M. Ledru-Rollin, ministre de l'intérieur, adressait à ses commissaires plus ou moins extraordinaires, les instructions suivantes :

« Les élections sont votre grande œuvre... Provoquez
« sur tous les points de votre département la réunion
« de comités électoraux, examinez sévèrement les
« titres des candidats. Arrêtez vous à ceux-là seule-
« ment qui paraissent présenter le plus de garanties
« à l'opinion républicaine... Pas de transactions, pas
« de complaisances. Que le jour de l'élection soit le
« triomphe de la Révolution. »

On sait comment les commissaires de M. Ledru-Rollin s'acquittèrent de cette tâche. Quel-

ques-uns même soulevèrent les passions populaires, et, au lieu de jouir de la liberté électorale, nous eûmes à subir le despotisme brutal des
masses.

De son côté, M. Jules Favre, secrétaire de
M. Ledru-Rollin, expédiait la dépêche suivante :

« *Le citoyen ministre de l'intérieur aux citoyens*
« *commissaires de la République.*

« Citoyen commissaire, veuillez m'adresser, sans
« retard, la *liste définitive des candidats* choisis par
« les comités électoraux de votre département, afin
« que je puisse, après en avoir conféré avec mes
« collègues du gouvernement provisoire, *désigner à*
« *votre attention* les noms de ceux sur lesquels vous
« devez plus spécialement *appeler les suffrages* des
« citoyens.

« *Pour le citoyen ministre de l'intérieur,*

« *Le secrétaire général du ministère,*

« Jules Favre. »

Dans une seconde dépêche, M. Jules Favre
traçait comme suit la conduite à tenir en présence de la candidature de M. Thiers :

« *Le citoyen Jules Favre, secrétaire général du minis-*
« *tère de l'intérieur, aux citoyens commissaires de*
« *la République dans les départements.*

« La candidature de M. Thiers doit être *combattue*
« *par tous les moyens possibles*, et le gouvernement
« provisoire *attend de vous que vous fassiez les plus*
« *grands efforts pour qu'elle échoue.* Que *les électeurs*
« en fassent justice ! Je n'ai pas besoin de vous dire
« quelle doit être votre conduite relativement aux
« candidatures des membres de *l'ancienne majorité*
« ministérielle : vous devez être convaincus, en effet

« que leur *élection* dans les circonstances actuelles
« pourrait conduire aux plus grands dangers.

« Jules Favre. »

Que les temps sont changés ! Ce n'est pas aujourd'hui que M. Jules Favre combattrait la candidature de M. Thiers ; il la soutiendrait au contraire « par tous les moyens possibles. » M. Thiers appelle M. Jules Favre « son honorable ami. » Guidé par une « ambition sénile, » l'illustre vieillard est devenu, après maintes volte-faces, le chef de la révolution.

Autre trait. M. Dufaure, ministre de la République de Cavaignac, retint les malles-postes pour favoriser la candidature de ce dernier. Est-ce assez caractéristique ?

Comme on le voit, la République de 1848 ne se gênait point pour intervenir dans les élections ; on peut même dire qu'elle a usé et largement abusé des candidatures officielles. Que fera celle de 1870 ?

Par la grâce de l'émeute et pour la satisfaction du Prussien, M. Gambetta est dictateur. Le pays est convoqué pour élire une Assemblée. Quelle attitude prendra cet apôtre de la liberté ? Ah ! celui-ci ne se borne pas à combattre les candidaturés désagréables, *il les supprime.* C'est plus simple et plus radical. On se souvient, en effet, que, par décret du 31 janvier 1871, il prétendit exclure de l'éligibilité à l'Assemblée les hommes qui avaient servi l'Empire, et que M. de Bismarck dut le rappeler au respect du droit et de la liberté, déclarant qu'il ne reconnaîtrait pas, comme investie d'un mandat régulier, une chambre nommée « sous un régime d'oppression arbitraire. » Nous nous abstiendrons de qualifier cet acte monstrueux, cet attentat aux droits des citoyens. George Sand l'a appelé « le coup d'Etat de la folie. »

Les dépêches qui suivent démontreront, du reste, que M. Gambetta et ses préfets mettaient tout en œuvre pour pétrir à leur guise la pâte électorale :

Bordeaux, 1er février 1871, 1 h. 20, soir.

Spuller à Tavernier, secrétaire-général Indre et-Loire, Tours ou Chinon. (Faire suivre.)

... Une Assemblée est inévitable, il la faut républicaine, capable de faire la guerre. Je vous demande d'aller à Orléans, avec le titre de préfet et le droit de choisir votre secétaire-général et tous vos auxiliaires. *Allez-y et faites tout ce que commandent les élections qui se préparent...*

E. SPULLER.

Bordeaux, 2 février 1871, 8 h. 45, soir.

Intérieur à Tavernier, préfet du Loiret.

Tours. — Urgence.

Cher Tavernier, vous êtes un brave et noble cœur, *un loyal serviteur de la République.* Je crois que c'est à Orléans qu'il faut vous tenir.. *Allez donc et travaillez comme vous faites d'habitude.*

Léon GAMBETTA.

Bordeaux, 4 février 1871.

Ministre Gambetta à préfet Tarn (Albi). — Extrême urgence, confidentielle et chiffrée.

Mon cher ami, il est indispensable que nous ayons à l'Assemblée, et « dans nos rangs, » des hommes de guerre ayant fait leurs preuves... M. le général de division Jaurès a été, à la deuxième armée de la Loire, un des généraux les plus vaillants et les plus dévoués à tous les sacrifices de la guerre. Je vous prie de le recommander à nos amis et aux suffrages de ses concitoyens...

Léon GAMBETTA.

Bordeaux, 3 février 1871.

Secrétaire général intérieur à Marc-Dufraisse, préfet Nice.

... Si vous n'avez pas de Français local qui ait des chances, *prenez Gambetta, vous et moi.* Bien entendu, le compte à demi pour les frais entre vous et moi est accepté. Télégraphiez-moi pour me tenir au courant.

CLÉMENT LAURIER.

Extrait d'une proclamation du préfet des Landes affichée dans toutes les communes du département à la veille du scrutin du 8 février 1871 :

Landais, il faut que vos sympathies s'accusent par une démonstration éclatante, irrésistible, par une marque indubitable d'adhésion, et je vous demande de la donner en PORTANT A LA TÊTE DE VOTRE LISTE ÉLECTORALE LE NOM DU MINISTRE qui est à cette heure la personnification vivante de l'esprit français, et, par sa courageuse attitude, par son immense talent, par sa popularité méritée, le plus redoutable obstacle aux prétentions insensées de l'étranger : VOTEZ, VOTEZ POUR LÉON GAMBETTA.

Autres du même cru :

Mont-de-Marsan, 5 février 1871.

Monsieur le maire,

Vous connaissez la liste républicaine adoptée par les comités des trois arrondissements : Léon Gambetta, Victor Lefranc, Pascal Duprat, Duclerc, Saint Jea Tauziet, Albert, Boucau.

J'espère que vous « la ferez triompher dans votre commune. »

Croyez à mes meilleurs sentiments,

Le préfet des Landes,

H. MAZE.

Préfet des Landes à maires dans toutes les stations télégraphiques.

Mont-de-Marsan, 7 février 1871.

Faites afficher et publier immédiatement à son de trompe : démentez de la façon la plus catégorique le bruit que « l'administration préfectorale patronne la « liste en tête de laquelle » on a fait « figurer le nom « de M. Thiers. » C'est « une calomnie de la réaction.»

L'administration préfectorale souhaite le triomphe d'une liste « exclusivement républicaine, en tête de « laquelle est porté le nom de Léon Gambetta. »

H. MAZE.

Préfet du Var à ministre de l'intérieur.

Avez-vous reçu dépêche Dufraisse ? « Sommes décidés à appuyer fortement candidature indiquée. »

Le Secrétaire général,

BREMOND.

Commissaire général des Alpes-Maritimes à Blache, commissaire de la défense dans les Alpes Maritimes.

Mon cher Blache,

Mon « concours pour les élections, » vous le savez et je vous le réitère, « vous est entièrement acquis...»

Devant le Conseil général de la Sarthe, session d'avril 1874, M. de Talhouët a rappelé qu'en 1871 la Sarthe avait pour préfet M. Le Chevalier.

« Ce préfet, — a-t il dit, — nous l'avons vu saisir à la poste, par ses agents, les bulletins de vote des candidats aux élections législatives. Non seulement il les faisait saisir à la pos te, mais il les faisait enlever partout où il en trouvait. »

Après avoir crié vingt ans contre les candidatures officielles, lorsqu'on ne les obtenait pas à son profit ; après les avoir taxées d'immoralité ; après les avoir dénoncées à l'indignation publique, comme attentatoires à la liberté des citoyens, nos farouches puritains les imposent et les pratiquent avec un sans-façon voisin du cynisme. Ces gens-là n'ont qu'une logique : celle des intérêts de personne, de coterie ou de parti.

Passons maintenant à la « République conservatrice » de M. Thiers.

M Thiers patronne ses propres ministres. On se souvient de la candidature Rémusat, qui eut un caractère officiel tout particulier, puisqu'elle fut élevée à la hauteur d'une question gouvernementale. M. Louis Blanc, dans une lettre rendue publique, appréciait ainsi cette candidature :

« ... La candidature de M. de Rémusat, à laquelle son origine seule risquait d'imprimer le caractère officiel est devenue absolument officielle, par le patronage, non dissimulé, du chef de l'Etat; par l'intimité du lien qu'on s'est efforcé d'établir entre la stabilité de son pouvoir personnel et la victoire du candidat de son choix ; par la pression exercée de la sorte, sur l'opinion publique, et enfin, par les efforts de l'administration pour assurer cette victoire. »

Et cependant, dans un discours prononcé au

Corps législatif, le 26 février 1866, M. Thiers avait dit :

« ... Quand le gouvernement désigne un candidat comme son candidat, il commet une haute inconvenance Ce que je demande ici est le minimum de ce qu'on exigera un jour en fait de liberté électorale. »

M. Thiers demandait alors les *libertés nécessaires*. Il y a loin de ses actes à ses paroles.

N'est-ce pas encore lui, qui, pour combattre, par une énergique pression sur l'opinion publique, l'élection de M. Rouher, a envoyé en Corse une flotte cuirassée et des troupes de débarquement ?

Que se passe-t-il après le 24 mai ?

« Peu de temps après le 24 mai, une élection a lieu dans les Côtes-du-Nord. Le préfet recommande aux maires la candidature de M. Leguen. Interpellé à ce sujet dans un bureau de l'Assemblée, M. Baragnon, sous-secrétaire au ministère de l'intérieur, répond loyalement : « En présence de l'action des comités radicaux, nous serions coupables de ne pas agir. »

« Dans la Gironde, M. Pascal, préfet, choisit un candidat, le propose, le fait agréer. Le *Français*, à qui le seul mot de *candidat de l'Empereur* faisait mal, baptise lui-même l'amiral Larrieu, candidat *Mac-Mahonien*. L'épithète eut plus de succès que la candidature. Le mot du *Français* resta au répertoire, mais son amiral sur le carreau [1]. »

_____

(1) **F. Giraudeau.** — *Vingt ans de despotisme et quatre ans de liberté.*

Faut-il rappeler ce qui s'est passé dans Maine-et-Loire pour la candidature de M. Bruas contre celle de M. Berger? Non. Disons seulement que, en changeant de régime, on ne change pas l'inclination toute naturelle d'un gouvernement quelconque à avoir des députés dévoués à sa politique. Simple réflexion. Etait-ce bien servir le gouvernement du Maréchal que de favoriser, par certaine attitude, la candidature d'hommes nullement dévoués à sa politique, et cela, en haine ou par peur du Bonapartisme? Nous posons la question ; au lecteur à la résoudre.

L'Empire, gouvernement définitif, élevé sur le pavois par 8 millions de suffrages, l'Empire affirmait ses préférences pour des candidats, qui, presque toujours, lui étaient désignés par les populations. C'était son devoir et son droit.

Son devoir! Parce que, au pays qui s'était incarné en lui, il devait faire connaître ses préférences.

Son droit! Parce que, au jour des élections, — il faut le reconnaître loyalement, — la question se posait entre ceux qui voulaient conserver le gouvernement et ceux qui voulaient le renverser. En cet état de choses, l'administration ne pouvait se croiser les bras ; et, à moins de faillir à son mandat, qui lui prescrivait de défendre le gouvernement, elle ne pouvait garder une neutralité blâmable, coupable même. De là, une action énergique de l'autorité centrale ;

de là aussi, de la part de quelques agents, un déploiement de zèle, qui, nous le confessons, a été parfois exagéré. Mais, pour écarter ses adversaires, l'Empire essaya-t-il jamais de proscrire leur candidature, comme M. Gambetta tenta de le faire par le fameux décret que chacun sait? Pour intimider le suffrage universel, envoya-t-il, comme M. Thiers, une flotte ou une armée? Les manœuvres si vivement reprochées aux préfets de l'Empire ne furent que des peccadilles auprès de celles qui ont été employées sous l'une et l'autre République!...

L'EMPIRE.

Nous venons d'examiner les accusations que l'on ressasse chaque jour contre l'Empire. Qu'en reste-t-il ?... L'Empire, sans doute, ne fut point un gouvernement parfait ; — la perfection n'existe point ici-bas ; — mais on peut dire qu'il fut le meilleur, ou plutôt, le moins imparfait. Pour s'en convaincre, il suffit d'évoquer ses propres souvenirs ou faire une simple étude comparative.

La faute la plus grave, et même la seule grave qui ait été commise par l'Empire, est celle de s'être livré au parlementarisme, que Proudhon appelle le régime de la *blague*, et un autre écrivain, « la planche sur laquelle ont passé et passeront toujours les révolutions. » Dès ce moment, l'Empire ne fut plus l'Empire. Ce n'était plus cette autorité forte et respectée; c'était un pouvoir vacillant, un navire démâté. L'Empereur régnait mais ne gouvernait plus. Sans parlementarisme, pas d'entraves aux projets de notre réorganisation militaire, et, surtout, pas d'interpellation Cochery; partant, c'était la guerre conjurée ou la victoire certaine. Un journal l'a dit et nous le répéterons après lui : « Du jour où M. Thiers a déclaré que le gouvernement représentait ses opinions, il était clair qu'il ne représentait plus l'idée napoléonienne, et qu'il aurait le sort de tous les gouvernements chers à M. Thiers. »

Mais, à côté de cette faute, à laquelle, certainement, il eût été remédié sans la guerre de Prusse, quel magnifique tableau nous offre le second Empire !

II

La France, puissante au dehors, prospère à l'intérieur, avait reconquis à la tête des nations, la place d'où l'avait laissé déchoir le règne de Louis-Philippe. Elle était devenue l'arbitre de l'Europe et recevait la visite de tous les souverains. Trois départements avaient été annexés au territoire : les Alpes-Maritimes, la Haute et la Basse-Savoie. Des nouveaux noms avaient été inscrits sur notre Arc-de-Triomphe, et, jusque dans les contrées les plus lointaines avaient été relevés la gloire de notre drapeau et le prestige de notre puissance. Au-dedans, la prospérité publique prenait un immense développement, et le bien-être général une extension jusqu'alors inconnue. Pendant les dix-huit ans du règne de Napoléon III, les revenus annuels de notre agriculture se sont accrus de plus de *deux milliards*, la valeur du sol de plus de *vingt milliards* et les valeurs mobilières, titres de rentes, actions, obligations diverses, de *quinze milliards*. L'industrie et le commerce ont vu leurs produits et leurs échanges s'élever de *quatre* à *dix milliards*.

Dans un article, publié le 15 août 1870, la *Revue des Deux-Mondes* formulait cet aveu :

« ... Nous sommes par-dessus tout beaucoup plus riches qu'avant la révolution de 1848. Si l'on parcourt l'ensemble du pays, les villes et les campagnes, on est frappé de l'augmentation générale du bien-être. »

La *République française*, établissant le bilan de l'Empire, a été, elle aussi, obligée de reconnaître les faits suivants :

« Les statistiques, — disait-elle en mai 1874, — donnent les traits de cette grande élaboration qui s'est accomplie depuis vingt ans. On y voit que le nombre des propriétaires ou de ceux que le travail a affranchis s'est énormément accru. »

On ne peut oublier tous les efforts que fit l'Empereur pour améliorer le sort de la classe ouvrière, vers laquelle étaient constamment tournées ses plus graves préoccupations. Non-seulement sa sollicitude se portait sur les moyens les plus propres à rendre le travail permanent et fructueux, mais encore sur les mesures à prendre pour aider l'ouvrier, et, au besoin, le protéger contre les coups du sort ou les infirmités de la vieillesse, en créant ce que l'on a appelé les *Invalides du travail*. On jugera, du reste, par le tableau suivant, des progrès réalisés et des réformes accomplies :

Loi du 10-13 janvier 1849. — Loi sur l'organisation de l'assistance publique à Paris.

Loi du 18 juin 1850 — Réorganisation de caisses des retraites ou rentes viagères pour la vieillesse complétée par la loi des 28 mai 1853 et 7 juillet 1856.

15 juillet 1850. — Création des sociétés de secours mutuels, complétée par le décret du 26 mars 1852.

5 août 1850. — Loi sur le patronage des jeunes détenus libérés.

10 décembre 1850. — Loi falicitant le mariage des indigents, la légitimation de leurs enfants naturels et le retrait de ces enfants déposés dans les hospices.

22 janvier 1851. — Loi sur l'assistance judiciaire.

14 décembre 1851. — Décret accordant des secours viagers aux anciens militaires de la République et de l'Empire.

3 janvier 1852. — Décret créant des établisements gratuits de bains et de lavoirs publics.

28 Mai 1853. — Décret améliorant la législation de 1850 sur les caisses des retraites

2 février 1853. — Décret améliorant la législation sur les sociétés de charité maternelle et les mettant sous le patronage direct de l'Impératrice.

22 novembre 1853. — Décret portant que des subventions en argent pourront être accordées comme subsides aux travaux d'utilité communale entrepris dans le but de donner du travail aux classes ouvrières.

28 novembre 1853. — Décret affectant la somme de 10 millions en subvention aux sociétés de secours mutuels entre ouvriers.

11 mars 1854. — Décret affectant 10 millions à l'amélioration des logements d'ouvriers dans les villes manufacturières.

31 mai 1854. — Loi abolissant la mort civile.

1854. — Fondation d'un hôpital pour les enfants malades.

31 juillet 1854. — Décret affectant une dotation à l'établissement d'une caisse de retraite en faveur des ecclésiatisques âgés et infirmes.

8 mars 1855. — Décret établissant sur le domaine de la couronne, à Vincennes et au Vésinet, deux asiles pour les ouvriers convalescents ou qui auraient été mutilés dans le cours de leurs travaux.

Etablissement d'une caisse de secours pour les ouvriers blessés.

Décisions ministérielles des 14 mai 1849 et 16 novembre 1852 relatives à l'organisation et à la vulgarisation des crèches pour l'enfance.

23 mars 1855.— Loi sur la transcription hypothécaire créant le véritable état civil de la propriété foncière.

Loi du 16 mai 1854 et décret du 21 mars 1855 sur les salles d'asile.

Décision ministérielle du 20 février 1850. — Création de prêts d'honneur.

1856. — Décret fondant la maison Eugénie-Napoléon pour les jeunes filles pauvres.

1862. — Décret fondant la société du Prince Impérial, destinée à prêter aux ouvriers les instruments de travail et leur assurant des secours.

1865. — Fondation, sous le patronage de l'Impératrice, de la Société centrale de secours aux naufragés.

1865 à 1869. — Décret approuvant les sociétés coopératives entre ouvriers et subventions considérables accordées à ces sociétés.

1866. — Fondation à Lyon de l'établissement de Longchêne sur le modèle des asiles de Vincennes et du Vésinet.

1868. — Création de fourneaux économiques dans tous les arrondissements de Paris.

1868. — Loi améliorant la solde des officiers de l'armée.

Et la liste civile qu'on a tant reprochée à l'Empereur, ignore-t-on quel usage il en faisait ?

Une large part était attribuée à des actes de munificence, dont la désignation suivante nous dispense de tout commentaire :

Pensions accordées à d'anciens militaires, à d'anciens fonctionnaires, à des familles malheureuses 7,912,500
Frais d'éducation de jeunes orphelins placés par la liste civile dans des établissements d'instruction 703,300
Subvention annuelle de 15,000 francs à l'hospice de Versailles 263,700
Allocation annuelle de 12,000 francs à la Société de la charité maternelle 211,000
Allocation annuelle de 150,000 fr. pour incendies, grêles, etc., etc 2,637,500
Cautionnements accordés à d'anciens militaires entrés, par suite de blessures, dans l'administration des finances . . . 200,000
Don à la banque des sociétés coopératives de Paris 500,000
Don à la banque des sociétés coopératives de Lyon 300,000
Don, déposé à la caisse des dépôts et consignations, pour la société de secours mutuels des anciens militaires. 500,000
Création, sur le boulevard Mazas et avenue Rapp, de maisons ouvrières, à bon marché 500,000
Don à la société ouvrière de Paris de 42 maisons 280,000
Don à la société ouvrière de Lille . . 100,000
Création de maisons ouvrières à Bayonne 30,000
Don à la ville d'Orléans d'une maison de convalescence 90,000
Allocation pour la création de 12 lits à l'hôpital des Incurables 150,000
Subvention annuelle de 20,000 francs à la société du Prince Impérial pendant 10 ans 200,000

Desséchement des marais d'Orx (Landes) 2,500,000
Allocation aux trappistes pour le dessé-
chement des Dombes (Ain) 430,000
Allocation aux trappistes de la Dordogne
et de l'Allier 100,000
Ensemencement des dunes de la com-
mune d'Augle (Basses Pyrénées) 80,000
Construction des fermes du camp de
Châlons et Cheptel. 3,000,000
Achat de la ferme de Boukandoura et
défrichements (Algérie) 350,000
Reconstruction de la terre de la Châtei-
gneraie près St-Cloud 800,000
Fertilisation des landes de Bretagne, créa-
tion d'un hospice, d'une maison d'école à
Korner Houet 300,000
Allocation pour les chemins vicinaux des
Basses Pyrénées 200,000
Don de charrues à vapeur au gouverne-
ment de l'Algérie 80,000
Subvention pour la construction des
églises de Plombières, Biarritz, Rueil,
St-Leu, Suippes, Rambouillet, Saint-Sau-
veur, etc 3,200,000
Allocations pour maisons d'écoles dans
beaucoup de communes 1,200,000
Don de médailles en or et de bannières
pour les concours régionaux, prix pour tir
au fusil et à la carabine, les compagnies
d'archers et de pompiers 879,100
Don à divers industriels et prêts à des
commerçants, à des sociétés telles que sociétés de touage, ateliers de physique, industrie des châles 8,500,000
Subvention pour venir au secours de personnes ne pouvant faire face à leurs enga-
gements 2,700,000
Allocation à l'Impératrice pour des œuvres de bienfaisance 9,950,000

Encouragements aux sciences et aux inventeurs 5,275,000

Subventions pour des œuvres littéraires, publications diverses. 2,200,000

Gratifications aux sociétés de secours mutuels et aux bureaux de bienfaisance . . 3,516,000

Gratifications aux soldats blessés, attendant pendant plusieurs mois la liquidation de leurs pensions 700,000

Voyages en Algérie et gratifications aux Arabes 900,000

Achats et dépenses aux expositions 1855 et 1867 600,000

Dons de munificence à des familles malheureuses, dots pour des mariages, cadeaux pour des baptêmes. 4,000,000

Création de fourneaux économiques dans Paris et dans d'autres villes. 200,000

Don à la Société fondée par le marquis d'Audiffret pour la diffusion des bons livres 50,000

Etc., etc., etc.

Ainsi se réalisait ce passage du rapport sur la liste civile : « La France sait que cette partie de la fortune publique lui sera restituée avec usure... et que l'intelligente et inépuisable générosité du souverain continuera à être la providence des classes souffrantes. »

En 1873, quelques jours après la mort de Napoléon III, un journal anglais, *Le Times*, disait à ce propos :

« Napoléon III est mort pauvre. Il a profité de ses revenus pour faire le bien autour de lui. Pressé de demandes, il répondait à toutes. Comparez donc cette manière d'agir avec la parcimonie de la monarchie de juillet. Il donnait pour tout et à tous. »

Du reste, la *Gazette de France* elle-même a rendu ce témoignage à l'Empereur, qu'il était « doux, sensible et bienfaisant. »

Mentionnons encore la vive impulsion donnée par Napoléon III aux travaux publics, à l'agriculture et à l'instruction publique. De nouvelles écoles sont créées et la statistique établit que le nombre des élèves, qui participent aux bienfaits de l'enseignement primaire, s'accroît de 1,180,528, de 1850 à 1869. Une loi (10 avril 1867) offre aux communes nécessiteuses, moyennant un faible sacrifice, l'instruction gratuite aux frais du département et de l'Etat. Enfin, la condition matérielle des instituteurs est améliorée, et leur situation morale, agrandie. Passons maintenant aux travaux publics. Paris, Lyon, Marseille, Bordeaux, Lille, Rouen et autres villes, grandes et petites, gagnent prodigieusement en étendue, en salubrité, en embellissements. Partout, le travail prend son essor. *Fervet opus.* La longueur des routes impériales est augmentée de 2,763 kilomètres ; les chemins de fer qui ne couvraient en 1849, qu'une surface de 3,546 kilomètres ont, en 1869, un parcours de 16,260 kilomètres. Nos chemins de grande, de moyenne et de petite vicinalité suivent la même progression. Quant à l'agriculture, elle est honorée, encouragée et trouve dans ses produits une juste rémunération, grâce aux facilités de transport et aux débouchés qui lui sont ouverts. Les choses allant ainsi, le cultivateur réalise des bénéfices et devient à son tour propriétaire. Aussi, en 1869, on constatait que la propriété du sol était répartie entre neuf millions de Français.

L'Empire a décuplé la richesse publique, et, en même temps, assuré l'ordre. Avec l'Empire, en effet, on n'a point vu renaître ces émeutes qui, sous le règne précédent, avaient tant de fois inquiété le pays et mis en danger la sécurité publique. Pourtant, avait il, comme on l'a prétendu, anéanti toutes nos libertés ?

Est-on plus libre aujourd'hui ? Que l'on compare.

Les hommes, qui trouvaient l'Empire détestable, ont pris sa place. Maîtres du pouvoir, ont-ils su mieux l'exercer ? On a vu à l'œuvre les Gambetta, les Jules Favre, les Thiers et *tutti quanti*. Sous leurs apparences révolutionnaires ou parlementaires, ils n'ont été que des réactionnaires de la plus belle eau. Vous souvient-il du vocabulaire d'Antan ? Régime du sabre ! disait-on. L'état de siége vaut-il mieux ? — Régime de police ! Elle a doublé depuis. — Gouvernement personnel ! Et la dictature de M. Gambetta ? Et le principat de M. Thiers ? — Bâillonnement de la pensée ! Qu'est devenue la liberté de la presse[1] ? Certaines feuilles dé-

---

(1) Outre la *saisie immédiate* de *douze journaux* qui se publiaient à Bordeaux, ordonnée par M. Gambetta et exécutée par M. Ranc, pour avoir osé publier le décret du gouvernement de la Défense nationale, convoquant les électeurs pour le 8 février, nous devons rappeler que le *Petit Lyonnais* et la *Gazette du Midi* furent suspendus par M. Esquiros; l'*Union de*

mocratiques ont eu la franchise d'avouer que sous l'Empire on agissait avec moins de sans-gêne ! — Candidature officielle ! Etait-ce pis que le décret de proscription de M. Gambetta et l'expédition de l'escadre cuirassée sous le gouvernement de M. Thiers? — A-t-on réalisé une seule économie? A t-on réduit un seul de ces traitements que l'on trouvait scandaleux, quand d'autres les touchaient? Quel progrès s'est opéré? Les ambitieux, qui avaient renversé Napoléon III, s'étaient dit : tout ce qu'a fait l'Empire est mauvais. Et ils avaient dénoncé les traités de commerce. Et ils avaient décrété la décentralisation intérieure. L'industrie et le commerce ont été frappés de stagnation ; l'administration allait à la dérive, et il a fallu revenir aux traités et aux lois de l'Empire.

> Ce n'était pas la peine, vraiment,
> De changer de gouvernement.

On sait ce que valent les paroles de ces gens qui nous promettent l'âge d'or, et nous donnent la misère en partage ; qui prêchent la liberté et ne savent pratiquer que l'arbitraire et le despotisme !

Ah ! les événements qui se sont accomplis

---

l'Ouest, par M. Engelhart, d'Angers, pour avoir protesté contre la « dissolution des conseils généraux, » suspension qui s'étendit même aux travaux de l'imprimerie ; enfin, que M. Le Nordez fut incarcéré, le 18 décembre 1870, pour avoir attaqué les actes de M. de Kératry, commandant du camp de Conlie, et que son journal, l'*Union de la Sarthe*, fut supprimé par M. Gambetta.

depuis le 4 septembre sont féconds en enseignements. Combien de consciences se sont éclairées à cette cruelle école ! Combien de critiques amères, violentes, systématiques contre l'Empire se sont évanouies devant les terribles démonstrations de la Révolution ! Où sont aujourd'hui, parmi les conservateurs, les partisans de la liberté illimitée de la presse, du droit de réunion, de la décentralisation, de la réforme du prétendu pouvoir personnel et de tant d'autres revendications ultrà-libérales ? Que demande-t-on ? L'autorité, une autorité ferme, solide, bien assise, garantissant l'ordre et la sécurité. L'Empire, est-il donc autre chose ?

III

La prospérité industrielle et commerciale est le signe auquel on reconnaît un bon gouvernement. Bossuet l'a dit : « La politique est l'art de rendre les peuples heureux. » La meilleure politique est donc celle qui procure la plus grande somme de bien-être intellectuel et matériel. Est-ce que l'Empire n'a pas réalisé l'une et l'autre de ces conditions ?

Mais, on l'accuse d'être la révolution et le socialisme !... Que valent ces allégations ?

« Un pouvoir, — dit l'auteur des *Lettres réaction-*

naires (1), — est révolutionnaire par son origine ou par ses actes. Ainsi, le gouvernement de 1830 et celui de 1848 furent des pouvoirs révolutionnaires, parce qu'ils sortirent du désordre et que, dominés par la loi de leur origine, ils entretinrent le désordre. La République de 1870 se trouva dans la même condition. Pour l'Empire, c'était le contraire. Ce n'est pas en déchaînant la révolution qu'il s'était établi, mais en la domptant... Le virus révolutionnaire coule dans les veines de la France. Pendant vingt ans, sans médication trop énergique, sans un seul coup de fusil, l'Empire arrêta les progrès de la maladie. L'Empire tombé, celle-ci a repris son cours... L'Empereur, un socialiste ! ce qui est vrai, c'est que l'Empereur aimait le peuple, qu'il se préoccupa d'améliorer la condition matérielle de la classe ouvrière, c'est-à-dire pauvre, en développant la prospérité publique, en multipliant les institutions de prévoyance. Ne fut ce pas la préoccupation principale de tous les bons souverains ? Henri IV, qui rêva la « poule au pot », était-il un socialiste ? «

Dira-t-on encore que l'Empire, c'est la révolution et le socialisme ? Ces accusations ne résistent pas à l'examen.

Dans ses *Mémoires pour servir à l'histoire de mon temps*, M. Guizot a dit :

« L'expérience a révélé la force du nom de Napoléon. C'est beaucoup d'être à la fois une gloire nationale, une garantie révolutionnaire et un principe d'autorité. Il y a là de quoi survivre à de grandes fautes et à de longs revers. »

Commentant ces paroles, M. Jules Amigues ajoute :

« La gloire nationale, que symbolise le nom de

____
(1) Paris. — Librairie générale.

Napoléon, est représentée par notre brave armée française, qui garde, en dépit des revers dont elle a été frappée, le juste et fier souvenir des grandeurs perdues qu'elle retrouvera quelque jour... La garantie révolutionnaire n'est pas autre chose que le principe même de la souveraineté nationale, qui est aussi étroitement liée que la gloire nationale à la tradition napoléonienne. L'Empire, en un mot, c'est l'incarnation de l'idée nationale dans sa conception la plus large, la plus généreuse et la moins exclusive. »

Que sommes-nous ? Une démocratie. 89 a fait table rase des priviléges.

Quel est le sentiment qui domine chez nous ? Celui de l'égalité.

« La liberté, — dit M. Paul de Cassagnac, — nous importe peu, mais l'égalité est surtout ce qui nous touche...

« Les titres de noblesse, qui se rencontrent surtout chez les légitimistes, ne sont pas le moindre obstacle que trouve la royauté pour une restauration éventuelle.

« L'égalité, c'est la devise française, c'est la devise démocratique, la seule que l'on ne puisse pas attaquer impunément en France.

« Voilà pourquoi la situation des princes d'Orléans sera toujours fort difficile vis à-vis de la nation, car, politiquement, ils représentent le droit de vote entre les riches seulement. »

La légitimité, c'est le règne de l'aristocratie féodale ; l'orléanisme, celui de l'aristocratie bourgeoise ; mais l'Empire, c'est le règne du peuple tout entier. A la noblesse de naissance, l'Empire a substitué la noblesse du mérite, ce qui est l'égalité dans sa formule la plus simple et la plus large. L'Empire, en un mot, c'est le droit pour chacun d'être et de se sentir citoyen.

Si la France est affamée d'égalité, elle a également besoin d'ordre L'ordre, en effet, est la première condition d'une société. Sans ordre, pas de sécurité, pas de travail, et, par conséquent, l'anarchie, la misère, les luttes intestines, la guerre civile. L'Empire a réalisé cette double aspiration de la France moderne : l'ordre et l'égalité. Issu des entrailles du pays, il s'était identifié avec ses tendances et ses intérêts. Voilà pourquoi il a pu procurer le bien-être et la prospérité ; pourquoi il n'est jamais tombé sous les coups d'une émeute. Deux fois, il a fallu que les mauvais citoyens conspirassent avec l'étranger et nos défaites, pour que l'Empire fût renversé.

Naguère, à propos de l'anniversaire du 4 septembre, un journal disait fort judicieusement :

« Il y a cinq années, à pareille heure, avait lieu le coup de main honteux et déplorable auquel l'histoire a donné le nom de 4 septembre.

« L'Empire tombait, mais en même temps que disparaissait l'Empire, disparaissait aussi le prestige de la nation française.

« Car il est une chose digne de remarque.

« Les autres gouvernements s'effondrent renversés par une émeute : la monarchie légitime disparaît en 1830, après trois jours de barricades ; le système de Juillet fuit en fiacre en 1848, renversé par des gens en blouse ; mais l'Empire ne tombe que par la force des baïonnettes étrangères. En 1815, il est renversé par la coalition européenne ; en 1870, il est vaincu par douze cent mille Allemands. »

Etant le gouvernement de tous et non celui d'une caste, l'Empire ne pouvait être exclusif; il ne le fut point. Il convia au service du pays tous les hommes de bonne volonté, de même qu'il secourut toutes les misères à quelque parti qu'elles appartinssent[1]. Napoléon III pouvait dire comme Napoléon Ier :

« M'a-t-on jamais entendu demander ce qu'on était, ce qu'on avait été, ce qu'on avait dit, fait, écrit? On ne m'a jamais connu qu'une question : VOULEZ-VOUS ÊTRE BON FRANÇAIS AVEC MOI ? »

On connaît la bonté de l'Empereur, sa générosité, sa reconnaissance pour le moindre service rendu. Il est encore une autre qualité qu'il possédait au suprême degré : l'oubli des injures et du mal qu'on avait cherché à lui faire. Quand on parlait devant lui des événements de 1870, il n'accusait personne et se bornait à dire : « Ah! les malheureux, comme ils se sont trompés! »

L'auteur des *Lettres réactionnaires*, ancien

---

(1) On vit sous le règne de Napoléon III, le frère de **M.** Jules Favre, consul ; le frère de M. Picard, sous-préfet ; le frère de **M.** Emmanuel Arago, directeur des beaux-arts ; le fils de M. Guizot, le fils de M. Berryer, le fils de Marie, le père de Paschal Grousset, fonctionnaires. Quant à la famille de M. d'Audiffret Pasquier, elle occupait de si nombreux, de si opulents emplois, qu'elle dut recevoir, à peu près, pendant les *vingt ans de corruption*, sept millions de l'Etat ; le compte a été fait. Mme Pascal Duprat était titulaire d'un bureau de tabac, Mme Adèle Esquiros demandait à l'Empereur une aide qui ne dut pas lui être refusée; Mme de Martignac, la duchesse Decazes étaient inscrites parmi les pensionnaires de l'Etat. La veuve de Marrast touchait sur la cassette particulière, une rente de 2,400 fr... Et je ne dis pas tout. Si j'étais indiscret, combien de noms je pourrais ajouter et quels noms ! (*Lettres réactionnaires.*)

préfet, rapporte que, dans une visite qu'il fit à l'Empereur, vers la fin de l'année 1872, il prononça les mots *d'ingratitude sans exemple*, en faisant allusion à ce qui s'était passé depuis le 4 septembre.

« Non, répondit l'Empereur, non ! cela n'est ni sans exemple, ni, je dois l'ajouter, sans excuse. La France était si malheureuse ! Il lui fallait une victime expiatoire. Elle s'en prit à moi. Dans d'aussi terribles crises, on n'a pas le loisir d'être juste. La colère ne raisonne pas C'est seulement quand le sang-froid est revenu qu'on peut examiner sérieusement les faits et rechercher la part qui revient à chacun. Ce travail est commencé. J'en attends le résultat avec confiance, parce que je sais que la grandeur de la France fut le but de tous mes actes, de toutes mes pensées. C'est le témoignage de ma conscience qui m'a soutenu à travers les cruelles épreuves que Dieu m'a imposées. »

Quelle grandeur d'âme ! L'Empereur avait raison de compter sur le triomphe de la vérité et de la justice. Le retour qui s'est opéré dans les esprits en faveur de l'Empire justifie sa confiance et ses prévisions.

IV

La France est une démocratie [1], c'est-à-dire un pays où règne non seulement l'égalité devant la loi et devant les places, mais encore où la

---

(1) Démocratie veut dire gouvernement du peuple. Là où le pouvoir émane du peuple, là est une démocratie.

souveraineté réside dans la nation. D'où cette conséquence : que le gouvernement n'est et ne peut-être qu'une délégation de l'autorité nationale.

Deux régimes remplissent cette condition : la République et l'Empire. L'un et l'autre, en effet, sont une expression constante de l'élection populaire, avec cette différence : que la République est la forme révolutionnaire, et l'Empire, la forme autoritaire.

Chez nous, — et c'est une vérité qui n'a pas besoin d'être démontrée, — l'esprit républicain s'allie toujours à l'esprit révolutionnaire.

« Qui n'est frappé, — a dit un écrivain, — des périls que fait courir à la société l'abus des entraînements propres à la démocratie ? Il n'y a qu'un gouvernement *fort* et *stable* qui puisse la préserver contre ces entraînements. »

Quel sera ce gouvernement ?

Pour être *fort,* ne faut-il pas qu'il soit issu du suffrage universel ; car, par son origine, il sera investi d'une puissance telle qu'il pourra contenir ou réfréner les entraînements démocratiques.

Pour être *stable*, que devra-t-il être ?..

Nous avons besoin de sécurité et de stabilité. Une grande nation ne peut vivre au jour le jour. Or, le système républicain a pour principe fondamental l'instabilité même, puisque tous les 3, 5 ou 6 ans, le président doit déposer le pouvoir exécutif ? Notre pays est-il apte à subir une telle succession d'échéances, qui amèneraient infailliblement des perturbations ou des crises violentes ? Poser la question, c'est la résoudre.

Nous avons dit dans un écrit précédent[1] : « La République est le règne des convoitises et des antagonismes ; elle est la discorde que de continuelles rivalités entretiennent et fomentent. »

Le pays, il est vrai, jouit en ce moment d'un calme qui permet au travail de reprendre et à la confiance de renaître. Mais, vivons-nous bien sous le régime de la République ? Avons-nous la chose ou seulement l'étiquette ? Demandez à la gauche si le maréchal de Mac-Mahon est un représentant du régime républicain, et si elle prend le régime actuel pour la vraie République ?.. Non, mille fois non. Elle le dit et le répète chaque jour. Puisque le pouvoir n'est pas avec vous, ô républicains, vous ne pouvez donc mettre à l'actif de la République, la paix publique actuelle et le respect de tous les droits.

Autre question. Le parti républicain a-t-il abdiqué ? A-t-il renié ses traditions, corrigé ses mœurs, amendé ses instincts, vaincu ses appétits ? Nullement. M. Gambetta et ses acolytes affectent, il est vrai, certains airs de modération ; le loup se cache sous la peau de l'agneau, mais le bout de l'oreille perce toujours. Ainsi, dans une lettre qu'il adressait, en octobre 1875, à

(1) **1870-71** ou *Une Page d'Histoire.*

M. Tardy, un des chefs de la démocratie dans le Var, l'ex-dictateur laissait échapper cet aveu

« Si nous persévérons jusqu'au bout dans notre. ligne de modération, qui est loin d'exclure la fermeté, une forte majorité de gouvernement républicain sortira des urnes *et le reste nous sera donné par surcroît.* »

Le *reste !* qu'est-ce à dire ? Le *reste !* c'est le *contrat* formulé dans le mandat impératif passé, en 1869, entre M. Gambetta et ses électeurs de Belleville, *contrat* que, dans son discours de Ménilmontant, il a déclaré toujours tenir et dont voici les clauses principales :

« Application la plus radicale du suffrage universel pour l'élection des maires ;

« Suppression du budget des cultes ;

« Séparation de l'Eglise et de l'Etat :

« Instruction primaire, laïque, gratuite et obligatoire ;

« Concours entre les intelligences d'élite pour l'admission aux cours supérieurs, également gratuits ;

« Suppression des octrois ;

« Nomination de tous les fonctionnaires publics par l'élection ;

« Suppression des armées permanentes, cause de ruine pour les finances, source de haine entre les peuples et de défiance à l'intérieur;

« Abolition des priviléges et monopoles, que nous définissons par ces mots : primes à l'oisiveté ;

» Réformes économiques qui touchent au problème social... et feront disparaître l'antagonisme social pour réaliser complètement la formule : liberté, égalité et fraternité. »

Est-il, maintenant, besoin de faire remarquer que le parti républicain dissimule derrière une fausse modération ses projets, ses convoitises, ses appétits? Il a changé d'apparence mais non de nature. Il se déguise en bon apôtre pour pénétrer dans la maison, et, une fois que les élections lui en auront ouvert la porte, il dépouillera l'accoutrement dont il s'affuble, et se montrera tel qu'il est, démolissant toutes les garanties sociales pour établir la tyrannie des violents, des affamés et des déclassés.

Il est un autre gouvernement qui, comme la République, est d'essence démocratique. Ce gouvernement, c'est l'Empire, magistrature suprême conférée par le vote populaire et qu'un écrivain a défini en ces termes :

« L'Empire n'est autre chose que la République organisée, domptée et encadrée dans une hérédité tempérée par des plébiscites plus ou moins fréquents, qui maintiennent la bonne harmonie entre le peuple et le souverain. »

Mais, dira-t-on, l'hérédité est la négation même du principe de la souveraineté nationale. Examinons.

Que pèse l'hérédité du pouvoir exécutif là où celui qui en est investi reçoit l'impulsion du pays? Cette impulsion, ce sont les choix faits dans les élections législatives qui la lui donnent. En effet, le pouvoir législatif, représentation du pays dans sa plus haute expression, a des attributions telles qu'il peut rejeter les lois proposées par le gouvernement, et que, sans son aveu, celui-ci ne peut avoir ni un écu dans les caisses publiques ni un homme sous les drapeaux. Dans ces conditions, le gouvernement reste subordonné à la volonté nationale qui, toujours, peut obtenir les réformes qu'elle juge opportunes.

« La monarchie royale a le défaut d'être trop immobile, d'exclure la nation du choix de son gouvernement. La république a le défaut contraire, d'être trop mobile et de faire trop participer la nation au fonctionnement de son gouvernement.

« Chacune de ces deux formes de gouvernement est devenue inapplicable en France par suite de ce qu'elles ont d'exagéré et d impraticable pour les besoins de notre époque...

L'empire emprunte à l'hérédité pure, ce qu'elle a de raisonnable et de stable, c'est à-dire que le fils succède régulièrement au père; il emprunte à l'élection pure la consécration populaire...

Faut il que le lendemain de l'avènement au trône, le peuple soit convoqué pour approuver ou désapprouver? Non. Il faut que le plébiscite n'ait lieu que lorsque l'empereur a des raisons graves et sérieuses de croire que l'harmonie ne règne plus entre la nation et lui.

Exemple :

Napoléon III meurt sur le trône; Napoléon IV lui succède. Rien ne vient troubler son règne jusqu'au moment où l'Assemblée, par exemple, lui refuse la loi militaire qu'il croit indispensable au salut de la France. Il dissout l'Assemblée. Une nouvelle Assemblée tout aussi hostile remplace la première. Il la renvoie encore et alors ; faisant un appel à la nation, il lui tient à peu près ce langage: « Français, avez-vous eu l'intention de me prouver que vous m'avez retiré votre confiance ? J'ai besoin de cette loi militaire pour vous et pour moi; deux Assemblées me l'ont refusée. — Est ce un parti pris et, oui ou non, me voulez-vous encore ? »

Si le peuple désavoue les Assemblées opposantes, l'empereur sait ce qu'il a à faire ; et il s'en passe au besoin.

Si le peuple approuve les Assemblées, sans hésition je dis que l'empereur doit s'en aller.

Je n'admets pas que, dans aucun cas, un souverain ait le droit de s'imposer à une nation. Quand il y a dissentiment entre la nation et le prince, le prince n'a qu'à s'incliner ou à disparaître...

Un gouvernement qui n'a pas cette soupape de sûreté, qui s'appelle le plébiscite, éclate comme une machine à vapeur trop chargée, que ce soit en 1789, en 1830 ou en 1848.

Et qu'on n'oublie jamais que l'infortuné Louis XVI, détrôné, condamné à mort, captif, n'eut dans ses malheurs qu'un espoir, celui que ses amis portèrent à la tribune de la Convention pour demander cet appel à la nation, ce renvoi au peuple que les royalistes d'aujourd'hui poursuivent de leurs sarcasmes!

Voilà comment l'Empire concilie la stabilité nécessaire de l'hérédité, avec le contrôle perpétuel et vigilant de la volonté nationale librement exprimée.

Cette forme mixte qui n'est qu'un retour à la forme primitive des premiers gouvernements de la France, est la seule qui convienne à une nation, chez qui le suffrage universel préside aux affaires du pays, et est la seule conforme au génie français (1). »

Il faut à la France un gouvernement qui procure la sécurité et la stabilité ; il lui faut des institutions qui soient de solides barrières contre les violences des partis.

Emané de la souveraineté nationale, dans laquelle il se retrempe fréquemment, l'Empire a une origine qui le rend incontestable, et une force qui le met à l'abri des violences des partis.

Par sa forme héréditaire, il est une garantie de sécurité et de stabilité.

____

(1) Paul de Cassagnac. — *Empire et Royauté.*

Aussi, tout en opérant des réformes et en marchant dans les voies du progrès et de la liberté, l'Empire a, pendant vingt ans, donné à la France l'ordre et la prospérité.

Qui, plus que lui, a fait pour les classes ouvrières? Et, chose singulière, tandis que les uns l'accusaient de favoriser la révolution, les autres le taxaient de gouvernement personnel et rétrograde.

Il peut dire:

Aux uns: sous mon règne on n'a eu aucune émeute; la paix publique n'a jamais été mise en péril; j'ai su contenir la Révolution et la maîtriser jusqu'au dernier jour. Elle n'a relevé la tête que lorsque j'ai été captif.

Aux autres: Vous avez foulé aux pieds toutes les libertés. Avec vous s'est réellement épanoui le gouvernement personnel. Et quel gouvernement! Impuissants à maintenir l'ordre, vous n'avez pas su accomplir la moindre réforme démocratique. Que vous doit la France? De gros impôts et la honte. Qu'a-t-elle gagné à la chute de l'Empire? On ne le voit pas. Ce qu'elle y a perdu, on ne le découvre que trop facilement.

V

Il existe çà et là quelques individualités honorables qui se cantonnent dans ce qu'on appelle: la Légitimité. Pour ces personnes, la couronne de France appartient aux Bourbons en vertu d'un prétendu *droit divin* ; leur pouvoir est seul légitime et doit se perpétuer dans leur famille.

D'après nos traditions nationales, la légitimité ou *droit divin* s'acquiert par le pavois ou l'élection, *vox Populi*, et par la consécration religieuse, *vox Dei*.

La dynastie Napoléonienne présente ce double caractère.

Elle a été non seulement élevée sur le pavois, mais encore maintenue chaque fois que le peuple a été directement appelé à se donner un gouvernement.

Elle a, en outre, reçu la consécration religieuse en la personne de son chef, qui a été sacré par un Pape.

Elle est donc légitime. Disons mieux : en elle seule réside la Légitimité.

Nous avons sous les yeux un *catéchisme à l'usage de toutes les Eglises de l'Empire français*, imprimé en 1810, approuvé et recommandé par le cardinal Caprara, archevêque de Milan, légat *à latere* de S. S. près l'Empereur des Français et roi d'Italie. A la leçon septième de la seconde partie, nous lisons que « Dieu crée les empires et les distribue à sa volonté. » Puis, viennent les développements suivants :

« *D. — N'y a-t-il pas des motifs particuliers qui doivent nous attacher à Napoléon 1er, notre Empereur ?*

« R.— Oui ; car il est celui que Dieu a suscité, dans les circonstances difficiles, pour rétablir le culte public de la religion sainte de nos pères, et pour en être le protecteur. Il a ramené et conservé l'ordre public par sa sagesse profonde et active ; il est devenu l'oint du Seigneur par la consécration qu'il a reçue du souverain pontife, chef de l'Eglise universelle.

« *D. — Les devoirs dont nous sommes tenus envers notre Empereur nous lieront-ils également envers ses successeurs légitimes dans l'ordre établi par les Constitutions de l'Empire ?*

« R.— Oui, sans doute ; car nous lisons dans la Sainte-Ecriture que « Dieu, seigneur du ciel et de la terre, par une disposition de sa volonté suprême et par sa providence, donne les empires, non-seulement à une personne en particulier, mais aussi à sa famille.»

Donc, aux yeux de la Religion et suivant les traditions nationales, l'Empire possède surabondamment ce qui constitue la *légitimité* ou *droit divin*.

Mgr Pie, évêque de Poitiers, disait à ses prêtres, dans un synode diocésain, au mois de décembre 1852 :

« Il est écrit au livre de l'Ecclésiaste : « Le pouvoir « souverain sur un pays est dans la main de Dieu, « et il y suscitera en son temps un gouvernement « utile. » Vous avez tous constaté de vos yeux qu'aucune influence humaine n'aurait pu dominer le mouvement qui a abouti à la transformation dont nous sommes spectateurs. Il y a donc là un fait voulu ou permis d'en haut, devant lequel notre conscience doit s'incliner. »

Les Mérovingiens avaient été remplacés par les Carlovingiens, et ceux-ci par les Capétiens. Les Capétiens, à leur tour, sont remplacés par une quatrième race : la race Napoléonienne.

L'avènement des quatre races, — dit M. Paul de Cassagnac, — repose sur le même principe éternel et indiscutable, sur le principe du choix par le peuple et de l'élection...

Eh bien ! ce que le peuple s'est toujours réservé le droit de faire, il a le droit de le défaire à toutes les époques, et s'il était dans son droit en remplaçant la race de Mérovée par celle de Charlemagne, et celle-ci par la race des Capets, il est encore dans son droit en faisant succéder aux Capets la race des Napoléons. C'est, il nous semble, absolument indiscutable. Les priviléges du peuple sont inaliénables et dans notre siècle de démocratie, il n'y a que des entêtés ou des aveugles de parti pris, qui puissent s'imaginer que des hommes vivant en 992 avaient le pouvoir de nous attacher pour l'éternité à une famille. (1)

Ajoutons que l'Empire n'a dépossédé personne. Il n'a fait que détrôner la Révolution. La couronne gisait à terre ; deux fois la France l'a ramassée, et, deux fois, elle l'a placée sur la tête des Napoléon.

Si donc on se place sur le terrain de la Légitimité, il faut reconnaître que celle-ci existe bien plus en la personne du fils de Napoléon III qu'en celle de M. le comte de Chambord. Ainsi le veulent et le droit et la logique.

VI

Parlerons-nous de l'Orléanisme ? Quoiqu'il semble ne plus exister à l'état de parti, on est porté, néanmoins, à regarder le comte de

(1) Paul de Cassagnac. — *Empire et Royauté.*

Paris comme un prétendant et le duc d'Amale comme un candidat à certaine présidence. L'orléanisme n'est ni la royauté, ni la démocratie. C'est un régime bâtard, espèce d'oligarchie, se réglant suivant ses intérêts ou selon les besoins de sa propre conservation. C'est le parlementarisme avec ses jeux de bascule, et, comme conséquences, l'agitation et l'émeute. Il y a une chose surtout que la France ne peut oublier, c'est l'empressement que les princes d'Orléans ont mis à lui réclamer une *cinquantaine de millions*, alors qu'elle se saignait aux quatre membres, pour acquitter sa rançon de guerre et libérer son territoire. Ce qui a fait dire à un journal : « Il y a des princes qui se présentent aux peuples en sauveurs ; les princes d'Orléans se sont présentés en créanciers... Le contribuable qui sue pour payer les nouveaux impôts, sait qu'une bonne partie de ses sacrifices a servi à remplir le sac des princes d'Orléans. » Inutile de lui demander ce qu'il en pense

VII

Nous vivons sous une République *révisable*. Au-dessus des intrigues qui s'agitent ou pourront s'agiter. plane l'épée du maréchal de Mac-Mahon. On peut donc être assuré que l'ordre sera maintenu et la loi respectée. Le devoir de tout bon citoyen est de respecter le gouvernement et de prêter son appui au Maréchal. Mais on ne saurait oublier que la Constitution porte :

« Art. 8. — Les Chambres auront le droit, par délibérations séparées, prises dans chacune à la majorité absolue des voix, soit spontanément, soit sur la demande du Président de la République, de déclarer qu'il y a lieu de réviser les lois constitutionnelles.

« Après que chacune des deux Chambres aura pris cette résolution, elles se réuniront en Assemblée nationale pour procéder à la révision.

« Les délibérations portant révision des lois constitutionnelles, EN TOUT ou EN PARTIE (1), devront être prises à la majorité absolue des membres composant l'Assemblée nationale.

« Toutefois, pendant la durée des pouvoirs conférés par la loi du 20 novembre 1873 à M le maréchal de Mac-Mahon, cette révision ne peut avoir lieu que sur la proposition du Président de la République. »

A la simple lecture de ces dispositions de la loi, on comprendra toute l'importance des élec-

---

(1) Le rapporteur de la commission, M. Paris, s'est exprimé à ce sujet dans les termes suivants, qui ne laissent aucune place à l'équivoque :

« Puisque l'on désire une déclaration plus complète, « plus catégorique, nous ajoutons, au nom de la « Commission, à la rédaction qui nous paraissait très « claire, qu'en disant: « IL POURRA ÊTRE PROCÉDÉ EN « TOTALITÉ OU EN PARTIE A LA RÉVISION DE LA CONSTI- « TUTION, » nous entendons formellement que toutes « les lois constitutionnelles, dans leur ensemble, « pourront être modifiées, QUE LA FORME MÊME DU « GOUVERNEMENT POURRA ÊTRE L'OBJET D'UNE RÉVISION; « IL NE PEUT, IL NE DOIT Y AVOIR, A CET ÉGARD, AUCUNE « ÉQUIVOQUE. »

tions sénatoriales et législatives. A l'expiration légale des pouvoirs du maréchal de Mac-Mahon nous sera-t-il permis de demander que le pays soit directement appelé à statuer en dernier ressort sur ses destinées? Car, pour nous, comme l'a dit le fils de Napoléon III, « le Plébis-
« ciste, c'est la force rendue au pouvoir et l'ère
« des longues sécurités rouverte au pays; c'est
« un grand parti national, sans vainqueurs ni
« vaincus, s'élevant au-dessus de tous pour les
« réconcilier. »

Chalon, imp. SORDET-MONTALAN, rue Fructidor.

9 782013 653985